# 激安不動産を手に入れよう

「カトちゃん、買ワネカ？」

持ち物件の隣人が
**200 万円**の激安戸建
情報を教えてくれた

姉名義・**310 万円**の物件は
トイレ、フロ、ボイラー他
最新リフォーム
がなされていた

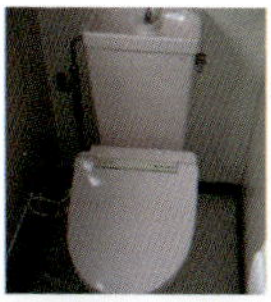

妹名義・**200 万円**の戸建
は家賃 7 万円でパキスタ
ン人に賃貸中。
利回り **42％**

# 55万円の戸建がお宝に変わる！

購入時、**ジャングル状態**の庭。すべての部屋に残置物があった

庭に工事が入り…

スッキリ！

車は３台停められる
（通称・3P）

荒れた台所も…

ピカピカ！

**変貌過程の詳細は本文第３章で！**

# 大家業を楽しむ日々

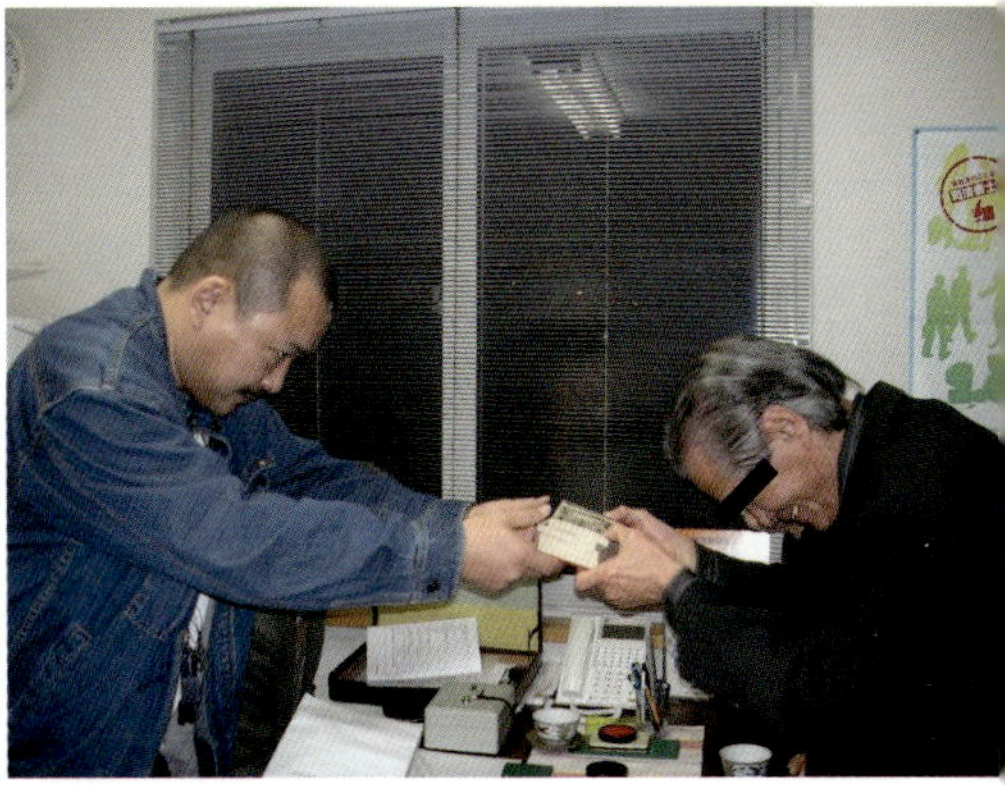

**1450 万円→450 万円**
で購入した商業ビルは
円満に決済シタ

雪国での残置物処理。
**〝労働力投入〟**(商標登録申請予定）だ

時には家族の力も借りる。美しい光景だ

# 高利回りを求めて物件調査を続ける日々

ラブホテル物件では
狭すぎる駐車場で
バンパーをこすった

恥ずかしい「共用部分」と
四畳半にダブルベッド。料金は激安だ。
床が傾いていたため転進シタ

指値を入れ激安で購入した「メルセデス」は、高速道路で白煙を噴いて玉砕シタ

自販機も高利回りに
貢献スル

# 激安不動産を入手シテ豊かに暮らす方法

ローンを組まずにお宝物件を見つける

加藤ひろゆき

ぱる出版

# はじめに

三冊目の本の執筆依頼を版元から受けたのは、二〇〇八年八月だった。

最初は、二〇〇万円以下の中古一戸建の購入方法について書くつもりだった。

小樽市銭函の海岸で、日光浴を実施しながら、次回作の構想を練った。

デビュー作『ボロ物件でも高利回り　激安アパート経営』（ダイヤモンド社）の原稿は、約四か月で書いた。二冊目の『借金ナシではじめる　激安アパート経営』（ぱる出版）の原稿は、一週間で書いた。

実は、簡単に書けると思っていたこの三冊目の本の執筆が一番、困難だった。

次々とアイデアは浮かんで来るのだが、なぜか一行も原稿を書けなかった。

**何か、今までとは違う、大きな波が押し寄せてくるような予感がシタ。**

すっきりしない天気が続き、たまに晴れた日でも、海水浴客が例年より異常に少なく、不思議に思った。原油が高騰した時期とも重なった。ハイオクタンのガソリンは、一リッター二〇〇円になった。**すでに、このときから景気の後退は始まっていたかもしれない。**

その後、九月のリーマン・ブラザーズの破綻。一〇月の世界同時株安。

**日本の経済も、不動産賃貸市場も、短期間に激変シタ。**

そんな中、全国の洗練された投資家一五名が、この本のために、手記を書いてくれた。中には、ワタクシ以上のボロ物件マニアもいる。

この不景気の中でも、地元に密着し、創意工夫で激安不動産を入手シテ、豊かに暮らしている。激安不動産を手に入れると、家族が幸せになれる。

利回りだけではない、不動産特有の魅力だ。それぞれ、購入動機と、運営方法を、読者のためにわかりやすく書いてくれた。全国各地で、一八万円、一九万円、二〇万円、三〇万円、五五万円という、中古車よりも安い価格で一戸建を入手シテ、貸家にしている。

激安の価格にも驚いたが、不動産に賭ける情熱にも驚いた。出版前の原稿を受け取ったとき、思わず、目頭が熱くなるような壮絶な人生を綴った手記もあった。

投資で成功スル方法は、自分の財務に余裕があるときに資産を買うことだ。

低金利、価格の下落といった外的要因で買うのではなく、自分のペースに合わせることだ。国家や会社に依存せずに、自分自身で年金をつくらなければいけない。

**国家に甘えてばかりではいけない。その国家でさえ、財務がタイトな時代だ。**

この本は、不動産投資家のみならず、マイ・ホームを探している人にも読んでもらいたい。低予算で、驚くほどステキな物件が入手できると思う。

# 激安不動産を入手シテ豊かに暮らす方法　もくじ

## 第8章
## 全国の洗練された不動産投資家が書く激安投資実践手記

# 第1章

# 激安不動産で不況を乗り越える

## 世界同時株安と不動産投資

二〇〇八年一〇月、**世界同時株安**が発生した。日経平均は一〇月二七日、七一六二円になった。急激な円高も進んだ。

長期保有で紙の資産を持っていた人は、大きなダメージを受けた。

ニュースは不況を伝え、街には失業者があふれた。

**このときほど、不動産の強さを、改めて認識したことはナイ**。

株とＦＸの口座も持っているが、二〇〇八年五月、札幌市手稲区の一戸建購入のため、株の口座の信用保証金二七万円と、ＦＸの口座に数千円残し、ほとんどを出金していた。

日本国内にある不動産は、為替の影響を受けない。世界同時株安と日経平均の下落の影響も受けない。

その上、**毎月の家賃収入**が入ってくる。

ありがたいことだ。

さて、今回の世界同時株安で個人的に思ったことを書く。

・紙の資産が増えたときは必ず定期的に出金し、できるだけ早い段階で収益物件を買う。
・すでに収益物件を複数持ち、複利で運用している人は、紙の資産は単利で定期的に出金するほうがいい。
・**紙の資産は暴落スル**。
・できるだけ早い段階で、**紙の資産を不動産にシフトする**。
・海外に収益不動産を持つことを奨励していたアドバイザーもいたが、実際に投資した人は、**この急激な円高に耐えられたのであろうか？**
・ＦＸのスワップ金利も、急激な円高で、**一瞬にして吹き飛ぶ**。

急激な為替の変動があれば、いくらスワップが付いても、意味がナイ。海外の不動産を買っていた人も、損失を被ったと思う。海外での不動産投資を奨励していた「美人投資家」もいた。「ニュージーランドでローンを組んで物件を買って、転売しませう」と書いてあったが、そのニュージーランド・ドルも暴落シタ。

それにしても、自分が住まない土地で不動産を買った人も、**度胸がアル**と思う。

アメリカ合衆国、ロサンゼルスに五年半住んでいて、若干英語も話せるが、今、日本に住んでいてアメリカで不動産を持とうとは、一度も思ったことが**ナイ**。その国の言葉を完壁に理解し、地理や習慣も理解していないと、とても数十万ドルも投資できない。

**「フードが食べられないから、家賃を払えないぜ、メーン！」**

といって滞納するジンガイ（外人）もいる。

**LAから夜逃げしたジンガイは、翌日、平気な顔をしてNYで職を探す。**

やはり、投資は自分の目の届く範囲がいい。

東大大学院卒の人気ブロガー・原田ミカオ先生は、

**「結局は、高利回りの日本の不動産がいちばんよかった」**

と、随筆（ブログ）に書いている。

確かに、ワタクシもほとんど紙の資産は持っていない。

原稿を書いているときにイライラして、ポンドをレバレッジ一〇〇倍でカラ売りするときもあるが、ストレス解消のためだ。**こんなときは、だいたい、負ける。**

今回思ったことは、世界的な株安や原油高、円高、資源高などに、日本の不動産からの家賃収入は影響を受けない。大家業は、マクロ経済とはほとんど関係なく、極めて地域性の高い特殊な投資ともいえる。

また、株や債券などは、買う銘柄とタイミング、売るタイミングしかコントロールできないが、不動産は**自分のアイデアと努力で、資産価値を上げる**ことができる。

不動産も今、購入する場合、いいタイミングだと思う。

あと半年もすれば、もっといい条件の売り物件が出てくるかもしれない。

その時期が来るまで、現金を持って待機するべきだと思う。

さて、数年前にフラれたＧＦに、一年ぶりに電話を発信シタ。

サヨナラした原因は、今にして思うとバカバカしい。彼女の所有物件の塗装をしていたときに、**ペンキの塗り方が悪いとケンカになった**からだ。

交際していた当時で、紙の資産で八〇〇〇万円ほど持っていた。今回の株の暴落で、ダメージを受けていないか心配になった。

「**あっ、カトちゃん、元気？**　株？　株は多分、少し目減りしたけど大丈夫。アタシ、**医者と結婚して、今は東京に住んでいるの**。先日もモナコに連れて行ってもらったの。幸せよ、今は」

「おめでとう」

といい、電話を切った。

世界同時株安の中、**彼女が真の勝ち組かもしれない**。

# 全国で、上がりきった不動産価格を下げる運動

世界同時株安が発生し、不動産価格の暴落も始まった。

**今までの価格が、高すぎた。**

ワタクシは、随筆（楽天ブログ http://plaza.rakuten.co.jp/investor101/ 現在は一三〇万アクセスを突破シタ）で、二〇〇五年一〇月頃から、

**「全国で、上がりきった不動産価格を下げる運動」**

を叫んでいた。

今にして思えば、二〇〇七年夏が、不動産価格のピークだったと思う。

頭のいい人は、この二〇〇七年までに高値で物件を売却シタ。

買主の融資が付いたからだ。

逆に、**フル・ローン、オーバー・ローン**を奨励され、実践した人々は、高い値段で物件を買い、高い手数料を仲介業者に支払い、**高い税金を国家に納めた。**

ワタクシは、二〇〇六年八月から、二〇〇八年一月までの間、一棟も物件を購入しなか

った。

もちろん、探してはいたが、値段が高すぎた。

購入できなかったと表現するほうがいいかもしれない。

つとめ人時代、**一億円くらいの太い物件**をカッコよく、フル・ローンで購入しようかと思った。

しかし、よく考えたら、仲介手数料だけで三〇〇万円以上する。売主の手数料も買主が負担しているようなものだから、合計で六〇〇万円だ。

その他の諸費用も合計すると、一〇〇〇万円前後支払う。

収益を生まない諸費用のために、一〇〇〇万円も投入するのはバカバカしいと思った。

**「この一〇〇〇万円で、収益物件を購入できないか？」**

この考えが、**「激安アパート経営」**の原点だった。

そして、その過程で編み出された戦法が、**「鬼のような指値」**（商標登録申請予定）だった。

## 市場には、一〇〇〇万円以下の物件がたくさんあった

実際、探しはじめたら、**一〇〇〇万円以下の物件**がたくさんあった。

二〇〇三年夏から探しはじめ、**一年間で八〇棟、現場まで見に行った**。四本買付を入れて、**玉砕**。

結果的には、これがよかった。

相場がわかり、貯金も増えた。

そして、二〇〇四年七月。一〇〇〇万円で売りに出ていたアパートを、九五〇万円で購入できた。

この一棟目のアパートメントが、満室時利回り三〇%を超えた。

二〇〇五年三月。二棟目の「女子限定アパートメント」を購入。七五〇万円。満室引き渡しで、利回り三二%。現在では利回り三九%で、引き続き満室で運営できている。

最初に購入した二棟の利回りが良かったため、のちのアパート経営が楽になった。その後、二棟アパートを購入できた。

**最も重要なことは、アパートを高利回りで運営して、早い段階でCASHをつくってしまうことだと、このとき思った**。

そうすれば、金融機関からの借り入れは、最小限で済む。

五〇〇〇万円の投資で、毎月一〇万円の手残りだと、面白くない。

また、購入時には満室で運営するというシミュレーションでローンを組むが、**いつまでも満室経営は続かない**。**家賃も下がる時代だ**。

ワタクシ自身も、札幌市の賃貸市場の厳しさを知った。

そこで、二〇〇五年一二月から、**中古一戸建の購入**をはじめた。

近所に三八〇〇万円で、一戸建が売りに出ていた。

購入し、リフォームをして、賃貸に出した。

五か月目に**優良な入居者**が付いた。

現在に至るまで、家賃の滞納もなく住んでいる。

今にして思えば、この五か月も短かった。この貸家から、毎月、七万五〇〇〇円の家賃をいただいている。

## 「図面舞踏会」＆「鬼のような指値」、若き億万長者

二〇〇八年一一月。久々に、**「図面舞踏会」**（不動産投資仲間が集まって、情報を持ち合う会合。サッカーのチームのように、自分がゴールできない物件をアシストしたり、**逆にアシストされたりする**こともある）を開催した。

二〇〇八年五月以来、約半年ぶりだ。

この半年で、不動産を取り巻く環境も、大きく変化シタ。

二〇〇七年一二月頃から、融資がアヤしくなり、新築のマンションの価格が下落。

二〇〇八年一〇月の、世界同時株安以降、さらに悪化。

ワタクシが楽天の随筆（ブログ）で、二〇〇五年一二月から提唱していた「鬼のような指値」（商標登録申請予定）も、いつのまにか、日本国中に浸透シタ。

**今までの不動産価格が、どう考えても高すぎた。**

不動産業界が、**価格をプロテクトしていた。**

ワタクシも、二〇〇六年八月から、二〇〇八年一月まで、一棟も物件を購入しなかった。

厳密にいうと、買えなかった。あきらかに、市場が過熱していた。まだ大家さんになれる財力と心構えがナイ人も、参入しはじめた。ＲＯＩ（投資収益率）の重要性や、フル・ローンを奨励する人もいた。たった数か月で、状況が激変シタ。

さて、「図面舞踏会」（商標登録申請予定）。

合計一四名が参加。**ススキノでかに**を食べながら実施。その中に、若き億万長者が二人いた。**二人とも、三十代前半の男前だ**。

和泉モトヤ風味ナ**超能力王子**（仮名・三三歳）は、所有物件のうち、四棟を二〇〇七年から二〇〇八年春までに売却。

現金で五〇〇〇万円以上持っているという説がアル。**新車のポルシェ**に乗っている。

あの時期に売りに入った判断は、**超能力そのものだ**。

もう一人は、**不良青年**（仮名・三二歳）。

販売のビジネスで成功し、引退。その資金で太い収益物件を四棟購入。借入の比率も少ない。なかなか、センスがある。

新車のメルセデスのクーペを売り、プリウスに乗っている。「燃費がいいですよ」と、日焼けした顔でニヤリと笑う。**エコな不良だ。**

多分、一億円以上の貯金があると思う。

**若き億万長者が、続々と誕生している。**

その共通点は、不動産とビジネスの組み合わせだ。

冒頭で、不動産市場の暴落を書いたが、**いい収益物件を持っている人は大丈夫**だ。

「激安アパート経営」を応用して、高利回りのアパートや貸家を持っている人も大丈夫だ。

また、今まで買えなかった人で、その間に貯金が貯まった人もラッキーだ。

**今後、大きな暴落が来る。**

そのときに備えて、待機しよう。

ワタクシも色々考え、たどり着いた戦法が「激安アパート経営」だった。

**借り入れがなければ、精神的に楽だ。**

## 住宅の所有と賃貸、どちらがいいか？

住宅情報で、定期的なテーマになる住宅の所有と賃貸について考えてみよう。必ず比較されるのが、毎月の支払額。月々の支払いで考えると、住宅を所有したほうが得な感じがする。しかし、**この支払額の表に出ていない項目がある**。

それは、三五年間、**一定の金額を毎月、支払い続けるというリスク**だ。三〇歳で家を購入して、三五年ローンを支払い続けると、六五歳だ。

その間、定年は過ぎている。その前に、会社の倒産、リストラの対象になるかもしれない。固定資産税、修繕費など、維持費もかかる。離婚、死別など、家族自体の存続ができない場合もある。

何よりも、若いときに家を建てて、巨額な住宅ローンを組むと、人生が固定されてしまう。これだけ文明が発達した二一世紀に、**一か所に留まる人生を選択してはいけない**。

一九八〇年代に比べて、航空運賃も安くなった。携帯電話とインターネットも発達して、海外に住みながらも、ある程度は仕事ができる時代になった。

実際、ワタクシも二〇〇七年一〇月、サイパン島に約一か月滞在していたが、日本からサイパン島まで、携帯電話はつながる。

ＰＣも持ち込み、ホテルの無線ＬＡＮを使用し、毎日、随筆（ブログ）もＵＰしていた。電話がつながらない場合も、緊急時、随筆のコメント欄に書き込んでくる。

サイパン島に上陸してから、約五日間、携帯電話がつながらず、通称**「劇団ひとり風味ナ店長」**から、随筆に「大至急、連絡セヨ」と書き込みがあった。

ホテルから電話を発信すると、**妹の貸家に入居したばかりの家族が退去するという、つまらない連絡**だった。妹にも連絡し、すぐに次の入居者を募集する手配をシタ。

各種支払についても、ネットバンキングを利用すれば、振り込みができる。

自宅を買う前に、まず、資産を購入シテ、つとめ人を卒業スル準備をするべきだ。

**自分から卒業する前に、会社から卒業させられるかもしれない。いわゆる「リストラ」だ。**

収益物件以外の、大きな借金は控えたほうがいい時代だ。「世界同時株安」直後から、製造業の急激な減産が始まった。**先が読めない**。今までの収入が、今後も確保できるかどうかわからない。**今回の不況は、急激で、広範囲で、深い**。

**外的要因に影響を受けないように**、できるだけ早い段階で、資産を増やしておこう。

## いい中古住宅を選ぶ方法

いい中古住宅を選ぶ方法を書く。図面で十分検討した上で、現地に行って確認しよう。

・貸せる物件か？　**貸せない物件は収益を生まない**。一番重要だ。

・できれば、一九八〇年（昭和五五年）以降の物件。
　体験上、昭和五五年以降の物件は、現在の間取りに近くなってきている。建材の品質も向上しているような気がする。

・敷地内に、クルマを二台停められるか？

・できれば、三台停められるといい（通称・３Ｐ）。縦列駐車でも可。

・三台目は来客用。あるいは、法人事務所として貸せる可能性もアル。

・道路ギリギリまで塀を張り巡らしている物件でも、**解体すれば駐車場に改造できる**場合がある。その場合は「買い」だ。

・一台分の駐車スペースは、二・五メートル×五メートルを目安とする。

・三メートル×五メートルのスペースがあれば、駐車が苦手な人でも、楽に停められる。
・**トイレ、風呂を交換している物件はいい**。
・**リフォーム代のかからない物件**を買う。
・家賃、六万円以上で募集できるか？
・購入価格が三〇〇万円で、家賃が六万円であれば、表面利回り二四％になる。二〇〇万円で購入できれば、三六％マワる。
・自宅から通える範囲か？
・賃貸の需要がある場所か？ 必要があれば、近所の賃貸不動産業者を訪問し、実情を聞く。
・掃除だけでそのまま貸せる物件があれば最高だ。姉名義の三一〇万円の一戸建は、**ワックス掛けと、明るい電球に交換するだけで貸せた**。家賃は六万三〇〇〇円だ。表面利回り二四・三九％だ。
・**とにかく、数を当たる**。情報収集、図面分析、現地訪問の繰り返しだ。
・ツールを揃える。クルマ、ＰＣ、携帯電話など。
・**情報と道具には、お金をかける**。

# 第2章 激安・中古・戸建の強さ

## ワタクシが一戸建を購入しはじめた理由

ワタクシが一戸建を購入しはじめた理由を書く。

**うだつの上がらないつとめ人**だった二〇〇五年の一〇月頃。

すでに、アパートは四棟所有していた。

当時は、サラリーマン大家さんブームと、フル・レバレッジブームで、札幌に新築のアパートが多く建ちはじめた。入居率が低下し、家賃も下落しはじめ、賃貸不動産業者からの広告料の要求が多くなった頃だ。おまけに、ファンド物件も入ってきた。

**「果たして、このまま、アパートを買い続けていいものだろうか?」**

そんな疑問が頭をよぎった。

そのころから、並行して一戸建を探しはじめた。

洗練された投資家・山田里志氏の著書『実録 サラリーマンの私にもできた!アパート・マンション経営』の巻末の表によると、二〇〇〇万円、利回り一二%のアパートメントを購入した場合、金利三%のフル・ローンで、**毎月の手残りは五万円だ**。

**「毎月の五万円のために、二〇〇〇万円借りるのも、つまらんとです」**と思った。

おまけに、諸費用分の約一六〇〇万円は現金で支払う。

「だったら、現金で三〇〇万円以下の一戸建を購入して、毎月七万円で貸したほうが、効率がいいのではないか？」と思いついた。

実際、探しはじめた直後に、**自宅から徒歩三〇秒の近所**に、三八〇万円の売り家を発見。

通称「＃五〇五・美人のお嬢様が住んでいた戸建」だ。

二八〇万円で買い付けを入れたが押し戻され、満額の三八〇万円で購入。

諸費用とリフォーム代で確か、一五〇万円投入シタ。

しかし、購入五か月後から、毎月七万五〇〇〇円で貸している。その間、一度も滞納はナイ。真面目なファミリーが住んでいる。ありがたいことだ。

その後も、アパート、一戸建、商業ビル、と購入したが、やはり、**運営は一戸建が一番楽だ**。入居者が決まるまでに時間がかかる物件もあるが、一戸建は入居者が決まってしまったら、あとは**所有していることを忘れてしまう場合もあるほどだ**。

初心者の場合、最初は貸家の経営をおススメする。

ある程度、訓練してから大きな物件に挑戦してほしい。

## ワタクシが中古物件にこだわる理由

ワタクシが新築物件を建てずに、中古物件を購入し続ける理由を書く。

中古物件のメリットは、

・すでに建物が建っているので、購入後のイメージがしやすい。

・築一〇年以上の物件であれば、それ以上の**大幅な家賃の下落がナイ**。

・リフォーム代が、ほぼ推定できる。

・よって、購入後の予算配分ができる。

・入居者がいれば、購入後、すぐに家賃が入る。

・システムがすでに出来上がっているので、経営が楽。

・**最初から、高利回り物件の場合がある**。

あまり数字にこだわらず物件を購入すれば、購入後の運営が厳しい。中古物件であれば、購入前に数字を分析することができる。

あるいは、交渉によって自分の希望の価格で購入できる場合もある。

ワタクシも、いつかは**ナウい新築**を建ててみたいという願望はアル。自宅の近所に九〇坪の更地を二区画、自宅の横にも七〇坪の更地を持っている。

ワタクシが現在、新築を建てない理由を書く。個人的な意見だ。

・企画から家賃が入るまでに時間がかかる。早くて半年、長くて二年くらいだと思う。

・時間がかかるということは、二〇〇八年一〇月の世界同時株安以降の日本のように、**経済状態が激変する可能性**もある。

・**工事中に建築会社が倒産するリスクがある**。

・今はアパート経営のノウハウを持っているが、もし最初の物件が新築だったら、いきなり自主管理では経営できなかった。

・新築だと、様々な業者の利権がからむ。**投入した自分のマネーが、どう使われているのかすべて把握できない**。これは、ワタクシにとってはつまらないことだ。

・電気、上下水道を引き込むにもお金がかかる。

将来的には、新築も少し建ててみたいが、その場合、一戸建二棟を九〇坪の敷地に建てる予定だ。

但し、もう少し中古住宅を購入して、資産と家賃収入を増やしてから実行したい。

## 物件に投入するリフォーム代をどう考えるか？

中古一戸建の場合、見学したときに、リフォーム代に一〇〇万円以上かかりそうな物件は、買わないほうがいい。リフォーム代もかかるが、物件を募集に出すまでの時間がかかる。その間、**家賃が入らない**。

リフォーム代と、家賃が入らないという、**「双子の赤字」**が発生スル。物件購入後、最長、半年以内。できれば、三か月以内に入居者を決めたい。

一〇〇万円でリフォームできると思っても、想定外の出費もある。外壁や内装、設備のリフォームは、ある程度予想できる。しかし、体験上、見えない部分の補修費が予測できない。例えば、壁の中の水道管。凍結して破裂しているかもしれない。

今までの本でも書いたが、風呂、トイレ、台所の**水周りのリフォームは高い**。苦労してリフォームした後に、しばらく入居者が決まらないと、吐きそうにナル。すでに何棟も物件を持っている人であればいいが、最初の物件から、そんな状態になると、**気が滅入る**。

一番いい物件は、購入価格が安くてリフォーム代がかからず、高く貸せる一戸建だ。

## 区分所有と一戸建、どちらがいいか？

ワタクシも、初期の頃は、区分所有を探していた。今でも、平行して探しているが、まだ所有していない。

今まで、区分所有だけで、一〇戸くらいは現地に行って、見たと思う。図面も五〇枚くらい取り寄せた。

しかし、いい物件もあったが、**なぜか購買意欲がわかない**。

区分所有に対する、ワタクシなりの見解を書く。

**【区分所有のメリット】**

・管理が楽。

・水道管の凍結はほとんどナイ。

**【区分所有のデメリット】**

・管理費、修繕積立金が毎月発生スル。**この金額は自分でコントロールできない**。その上、支出も自分で管理できない。

・ワンルームマンションであれば、家賃に対する管理費、修繕積立金の比率が高い。その金額が、札幌の場合、家賃に対して、三〇％以上の比率を占める場合もある。

・冬期暖房費を支払う物件もある。物件にもよるが、その場合、毎月五〇〇〇円前後かかる。

・**入居者がいなくても**、毎月の支払いが発生スル。

・区分所有のほとんどがRCなので、固定資産税が高い。

・リフォームするときに、管理人の許可が必要な場合がある。工期も、あらかじめ申請が必要な場合もアル。

・**外壁を塗れないので、つまらない**。

・投資家と自分で住む人の物件に対する目的が違う。

【一戸建のメリット】

・**外壁が自分の好みの色に塗れる**。

・管理費、修繕費がかからない。リフォームするタイミングと金額を、ある程度、**自分で**

**コントロールできる**。
・土地が残る。
・自宅前にクルマを停められる。よって、荷物の搬入が楽だ。
・現金で購入すれば、入居者がいなくても、固定資産税と火災保険料のみの支払いでいい。
・**所有感がある**。
・一戸あたりの家賃が高い。
家賃三万円の区分所有を一〇戸持つよりも、家賃一〇万円の戸建を三戸持つほうが、顧客の数が少なく、管理がしやすい。
・**売却しやすい**。

**【一戸建のデメリット】**
・物件によっては、最初にリフォーム代がかかる。

## 激安の一戸建を見に行く

二〇〇八年四月下旬、前著『借金ナシではじめる　激安アパート経営』（ぱる出版）の原稿を執筆中のことであった。

締め切り間際、連日の徹夜で、朝の七時まで吐きそうになりながら執筆活動を実施していた。

そんなとき、ワタクシの随筆の読者、函館市に住む、通称・ＣＡＲＢＯＹ＠ＧＯＬＦ氏から、一通のメールをいただいた。

「札幌市手稲区に、五二坪の土地と５ＬＤＫの家が売却に出された。**ただし、ボロ物件**。北広島市の七〇坪の土地も、オマケに付いてくる。価格は、一〇〇万円前後では？」

とのことだった。

すぐに見に行きたかったが、本の締め切りまでの数日間、必死で原稿を書き上げた。

二〇〇八年四月二五日、原稿を書き上げ、出版社にメールで送信した直後に、物件を見に行った。

愛車、メルセデス・ベンツ５００ＳＥＬに乗り、物件に向かう。サン・ルーフに本革シート。春風が気持ちいい。高速道路でメルセデスのシートに押さえつけられるような加速を楽しむ。セレブな気分だが、**これから見に行く物件は激安だ**。

やや山岳地帯の中腹にある物件に到着。住宅密集地で、新築の豪華な家も多い地区だ。約八〇メートル先には、高速道路があり、この地区を分断している。

「ランチェスター戦略」によると、こういう地形は戦略的に戦いやすいそうだ。人々は、**必然的に高速道路の内側に住みたがる**。

しかし、物件を見てビックリ仰天。**推定・築三五万年**。（単位は、大げさに表現している）一年半、人が住んでいなかった庭の木は伸び放題の**ジャングル状態**。桜の巨木も満開だった。おまけに、前面道路ギリギリまでブロック塀で囲まれている。これでは、駐車ができない。

牛革の手袋を装着して、物件の外壁を触る。男前で床屋のモデル風味なリフォーム・マニア、ｊｍ４８２２が泣いて喜ぶ、金属のサイディングだ。

数年前に玄関フードも取り付けている。**雪国では必需品**だ。何故か、道路から玄関に続く幅一メートルの歩道には、ロード・ヒーティングが施してある。推定で五〇万円以上の工事費を投入している。

玄関横には水道の蛇口も付いている。これがあると便利だ。洗車や、散水、ペット洗いに役立つ。

問題は、ジャングル状態の庭とブロック塀だ。しかし、ブロック塀を取り壊し、五〇個くらいある植木鉢を撤収し、庭木をＣＵＴすれば、三台分の駐車スペースが確保できる。

通称・３Ｐだ。（商標登録申請予定）

札幌市内で３Ｐの需要は高い。夫婦二台の駐車スペースはみな、考えるが、友人が遊びに来たときのスペースもあると重宝スル。また、法人で借りる場合も、３Ｐは好評だ。

改造した庭には、京都の龍安寺のように白い砕石を敷いて**「大日本庭園風味ナ駐車場」**に改造しようと思った。

このときは、鍵がなかったので、内部に突入はできなかった。

数日後、担当者のＣＡＲＢＯＹ氏が、札幌から二七〇キロ離れた函館からやってきた。

現場で待ち合わせ。知り合いの、不動産会社経営の若い美人社長と美人社員も合流し、四人で内部に突入。

電源を抜いて、中にモノが入ったまま異臭を発する冷蔵庫や、**そのままゴハンが入って**

**いそうな**電気釜もテーブルに放置。

生活感が残る家だ。

美人社長は、

「汚いですね」

と、**冷静な口調**でいう。もっと「キャーキャー」騒いでくれたほうが、この場合盛り上がるのだが。

美人社長の会社に入社二日目の美人社員は、**顔を引きつらせ、何もいわない**。きっと、**とんでもない業界に入ってしまったと後悔しているのであろう**。

あとで聞いた話だが、もし、ワタクシがこの物件を転進した場合、美人社長が購入してもいいと思っていたそうだ。

売主様は、旦那様が八五歳の高齢のご夫婦。

函館の息子の家に行ったが、そこに一緒に住むことになったようだ。本当は、また戻ってきて住む予定だったと思う。

## 「鬼のような指値」（商標登録申請予定）を入れる

この物件、すべての部屋に、荷物が残っている。

残置物撤収の費用も、二〇万円から三〇万円かかると判断シタ。

庭の改造も三〇万円。

内部リフォームにも三〇万円くらいかかると判断。

この時点での推定賃料は五万円から六万円。

そうなると、運営は困難だ。

何よりも、**リフォームが面倒くさい**。

その上、**貯金が減るのが悔しい**。この時点では、まったく欲しいとは思わなかった。

CARBOY氏に、値段はいくらになりそうかと聞いた。

「小樽の戸建は、二五〇万円で売っていて、四〇万円で鬼のような指値（商標登録申請予定）を入れ、五五万円で購入シタ」と伝えた。

「この物件、六〇万円くらいにはなるかもしれません」

「もう少し、何とかならないでせうか？」

**「もう限界です」**

六〇万円なら、購入してもいいかもしれない。

しかも、家の近所の更地が七〇坪、付いてくる（市街化調整区域）。

オマケの土地は、妹に、一〇万円で売却しよう。**タモリ養蜂場（通称・タモリ倶楽部）を経営させよう**。もしくは、ワタクシの名義にして、毎月二万円で貸し出そうか？

そんな妄想がアタマの中を渦巻く。

少し考えさせてくださいといい、とりあえず、四人＋ＣＡＲＢＯＹ氏のお嬢様で、近所の「さくら亭」に食事に行く。ビーフシチュー・オムライスを食べながら、物件について語り合う。

リフォーム代と、残置物撤収費用が、いくらかかるかが問題だ。二つ併せて、三〇万円以下だとありがたい。掃除は、モロコシ・ヘッドの「諸越さん」（仮名）に、日当五〇〇〇円で実施してもらおうか？　ワクワクする。

**翌日、五〇万円で買付を入れる**。

買付証明書を書いてＦＡＸ送信シタ。

## やや押し戻され「五の入った金額」で決済

さて、その日、体調が悪かったが、根性でメルセデスを運転し、五〇万円の買付を入れた戸建のリフォーム見積もりを実施。

帰宅後、ふたたび着信アリ。不動産業者のＣＡＲＢＯＹ氏だ。売主様に、本日、買付用紙を持っていってくれたそうだ。残念ながら、五〇万円では無理だった。しかし、やや押し戻され、五五万円でいかがでせうかと打診があった。ＯＫシタ。ありがたい。

売主様が函館に住んでいるので、郵送で書類のやり取りをして、決済スルことになった。

**札幌市内で、五二坪の土地付き一戸建が、五五万円とは激安だ。**

十三棟目の物件だ。二〇〇五年にも小樽市で五五万円で家を購入した経験があるが、その物件よりも格段に立地条件がいい。

**体験上、指値を入れた場合、やや押し戻されて決定した金額は「五」が入っている場合が多い。**

一棟目の九五〇万円。

二棟目の七五〇万円。
四棟目の五〇〇万円。
六棟目の五五万円。
八棟目の五〇〇万円。
一一棟目の四五〇万円。
一三棟目の五五万円。

これは、個人的な考えだが、「五」という数字は妥協や引き分けを表す数字だと思う。「五分五分」という言葉があるように、自分も相手も傷つかない数字かもしれない。

さて、売主様の許可を得て、決済前に入居者募集とリフォームを実施。機会損失を防ぐため、一日でも早く手をつけるほうがいい。

まず、**家賃の設定**。

**いつも思うのだが、この家賃の設定が一番頭を悩ませる**。**高すぎると、入居者からの反応はナイ**。**安すぎると入居希望者がたくさん来るが、貸した後に後悔スル**。

近隣の戸建の相場は六万円から九万円だ。

インターネットや雑誌で調べるとすぐにわかる。

購入決定後、近所の人に菓子折りを持ってご挨拶。すると、隣家が貸家だった。築年数も、この物件とほぼ同じだ。家賃を聞くと、五万円だった。

隣人は、

「この付近でこの値段で借りられるのは、**格安**だ。相場は七万円前後だと思う」

と喜んでいた。もう、五年ほど住んでいるとのこと。

そこで、やや高いと思ったが、八万五〇〇〇円で募集を開始。

理由は、**後で募集家賃を下げることはできるが、上げることはなかなか難しいからだ**。

広告費は、一律〇・五か月分とした。

地域によって違うが、現在の札幌の賃貸業者は、入居者が決定した場合、「広告費」という名目で、大家が賃貸不動産業者に支払う。

通常、一か月分だが、ときには二か月分、三か月分を請求されることもある。ファンド系の物件では、四か月分という話も聞いたことがある。業者によっては、**広告料の高い物件を優先して案内する**そうだ。

そんなに苦労して契約した入居者が、半年も経たずに退去した日には、「吐きそうにナル」。（商標登録申請予定）

## 表面利回り一五九・二七％の物件の入居者が決定

二〇〇八年六月のアンニュイな午後。B社から着信アリ。

札幌市手稲区の五五万円の戸建の問い合わせだ。

本日、入居希望者が内覧したという。

京都の龍安寺《りょうあんじ》をモチーフにした、**大日本庭園風味ナ3P式駐車場**が気に入ったという。

ジャングル状態を開拓し、駐車場に改造シタ。

**八万五〇〇〇円で募集していた家賃に、「鬼のような指値」（商標登録申請予定）が入った。七万三〇〇〇円だ。**

しばらく、考えた。

**挫折した芸術家としては、塗装がしたい。**ナス紺に、淡い黄色と、GOLDのラインを入れたい。塗装には、四三万円から五〇万円かかる。

七万三〇〇〇円の家賃の場合、現状渡しだ。

また、軒天（屋根の下）が五〇センチ四方の面積で、小破している。

最低でも、屋根の塗装が必要だ。

この場合、全部塗って八万円。風化が目立つ一階の屋根だけでも、推定四万円くらいだと思う。

訊けば、入居希望者の職業は**大工さん**。

そこで、物件を直してくれるのであれば、その家賃でもいいと提案。ペンキも塗るそうだ。ペンキとハケは、**現物支給**。

この条件で合意に達した。

まだ、決定ではないが、引越し理由、保証人、年収が明確になれば、入居が決定スルと思う。但し、入居は二〇〇八年八月。二か月間は家賃が入らない。

但し、かなり長く（五年以上？）住めるという。

ありがたい。

表面利回りは**一五九・二七％になった**。

# 第3章

## 【実録】激安戸建がお宝に変わるまで

## 五五万円の一戸建、リフォーム開始

購入決定から数日後、リフォームの打ち合わせを実施。

この日は朝から体調が悪く、吐き気がスル。おまけに、腰が痛い。食中毒かヘルニアだと思ったが、アンニュイな午後、大工のオオヤマさんと物件で待ち合わせ。

**根性でメルセデスを運転**し、物件に到着。

決済前だったが、売主様から鍵をいただき、リビングで打ち合わせ。

オオヤマさんも、この物件の価格を知って驚いていた。オオヤマさんには、三年くらい物件の修繕を依頼している。**腕がいい上に、値段も格安だ**。小樽市に住んでいるが、この物件は札幌市の西部にあり、オオヤマさんの家から車で三〇分くらいだ。

打ち合わせの途中、何度も吐き気をもよおした。オオヤマさんには痛みの原因を告げず、何度も外に行って吐いた。

この二週間後、尿路結石が出た。痛みの原因は結石だったが、このときは原因不明で「もう、俺も長くない。**この物件が最後の作品になるかもしれない**」と思っていた。

結局、オオヤマさんに庭の工事を発注。間口を囲っていたブロック塀を壊し、庭木を伐採し、砕石を敷き、大日本庭園風味ナ駐車場を造成することになった。幹の太さが二〇センチほどある桜の木も、名残惜しかったが切ることになった。このとき、桜の花が満開。**桜が散ってから切ることにした**。間口が八・五メートルほどあったので、クルマが楽に三台停められる。

通称・３Ｐだ。（商標登録申請予定）

オオヤマさんの友人のシンドウ社長に、庭の工事を発注してもらうことになった。

オオヤマさんの見積もりでは、九万円でできるとのことだったが、実際の見積もりは一八万円だった。

しかし、元々三〇万円くらいではないかと考えていたので、安いと思った。

オオヤマさんが帰った一時間後、今度は美装の会社に見積もりに来てもらった。

この会社も、何度も美装に入ってもらっている。元々は、＃一〇一「Ｋ・ｉ」の入居者が、引越しのときに自分で呼んだ業者だ。その立ち会いのときに知り合った。

この業者、何がいいかというと、引越しと美装の両方を請け負う。オマケに、リサイクルショップも経営していて、不用品も引き取ってくれる。

常務と従業員の二人がやってきた。

最初に、タバコ代をそれぞれ二〇〇〇円渡す。**最初に渡すことが重要だ**。三人で家の中をくまなく回る。5LDKの部屋のすべてに荷物がある。推定で、四トントラック二台分の残置物だ。

残置物撤収と美装で、普通なら一六万円コースだといわれた。

**作業初日に、全額を支払う**という条件を提案し、特別に一〇万五〇〇〇円に値引きしてもらった。

ニス塗りのオプションが一万円。5LDKの一軒家の窓枠や柱をすべて塗ることを考えたら、格安だ。材料は現物支給。カンペというメーカーの「油性ウレタンニス・透明・つやアリ」を配給。色々な商品を試したが、この商品が一番いい。

かつて、#一〇一「Ki」の空き部屋もニスを塗ってもらったので、腕前がいいことを知っている。担当は山中さん（仮名）だ。

ケルヒャー外壁洗浄で一万円。これは、ワタクシのケルヒャーを持ち込み、現場に置いてきた。ニスもケルヒャーも、ワタクシの提案だ。このように、業者がやったことのない仕事でも、**チャレンジしてもらうことが重要だ**。

## 「労働力投入」記念日と、大入り袋

五月一五日。『借金ナシではじめる　激安アパート経営』（ぱる出版）出版記念日であるのにもかかわらず、五五万円の物件の残置物撤収の立会いで、手稲区まで行く。メルセデスで高速道路を走る。現場では、作業員三人がすでに**「労働力投入」**（商標登録申請予定）している。ワタクシにとっても、「労働力投入」記念日だ。

一階の道路側の窓を外し、その窓からタンスや冷蔵庫などの大きな荷物を搬出していた。驚いたことに、四トントラックにタンスを積み込むとき、長いバールのようなもので、**タンスを破壊していた**。理由を聞くと、このほうがたくさん、荷物を積めるそうだ。

五五万円で購入シタこの一戸建。意外とキレイだと思ったが、タンスなどの大型家具を撤収してビックリ。壁が汚い。特に、一階六畳間二部屋と、台所。この三部屋の壁紙の張替えが必要だ。案外、リフォームにお金がかかりそうだ。

マイナスのＣＡＳＨＦＬＯＷだ。吐きそうにナル。（商標登録申請予定）

さて、二時間くらい現場に立ち会った。金額は残置物撤収と美装で一〇万五〇〇〇円。

しかし、オプションでニス塗りと外壁のケルヒャー洗浄をしてもらうことになった。＋一万五〇〇〇円。合計一二万円を、銀行で用意した新券で支払う。

この他、ひとり三〇〇〇円ずつタバコ代を**配給**。庭の工事の見積もりに来た人にも二〇〇〇円を配給。**皆、大喜びだ**。ご祝儀の効果かどうかはわからないが、初日は、夜の九時まで働いてくれた。ありがたい。三日で終わる予定だったが、結局、五日間ほどかかった。超過料金は請求されなかった。**誠実な業者**だ。

物件を訪問する度に、作業員に一～二〇〇〇円を配給。「タバコ代」「ジュース代」、あるいは、このときはガソリンが高騰していたので「燃料代」として、さりげなく手渡すと、受け取るほうも受け取りやすいようだ。常にチップを渡せるように、クルマの中には大入り袋を入れている。挫折したアメリカでの生活が、いまさらながら役に立っている。

さて、一旦転進し、今度は国鉄・手稲駅前の賃貸業者三店舗に営業。協議の結果、募集家賃は、**ペット複数可能姉妹、リフォーム自由が丘、P三台可能姉妹**（通称・3P）で、八万五〇〇〇円で募集開始だ。すぐにネットに情報を出してもらう。リフォームの状況で、家賃の微調整をスル。その後、接骨院で鍼を打ち、帰宅した。充実した一日だった。

売主様の許可を得て、決済前に募集とリフォームを開始できたのはよかった。

## 家賃設定の相談

五月一七日。「劇団ひとり風味ナ店長」を迎えに行って、手稲の戸建を見てもらい、家賃の相談だ。メルセデスに「劇団ひとり風味ナ店長」を乗せ、高速道路を走る。

現場に到着したら、向かいのおじさんがいたので、ご挨拶。

「あなた、この家買ったの？　俺も欲しかった」

という。売り出していたのを知らなかったそうだ。

それもそのはず、洗練された工作員・ＣＡＲＢＯＹ氏が、**秘密裏に売却を打診してきたからだ**。

ワタクシの横の戸建を、五年前に四五〇万円で購入し、現在、五万円で賃貸中だ。年式も大きさもほぼ同じ物件だ。土地面積も、五二坪とほぼ等しい。

「いくらで売る？」

と聞かれたが、

「今は貸家にするつもりで、売却は考えていないが、もし、そのときは**一番に連絡します**」

と伝えた。

家の中を見たいような雰囲気だったので、「劇団ひとり風味ナ店長」と三人で突入。

美装屋のお兄さん三人（五〇代）が、撤収と掃除を実施していた。

三日目なので、かなりキレイになっている。電灯も二つ、「新しい中古品」に交換してあった。半分の部屋には、ニスが塗ってある。仕事も速く、丁寧だ。

作業員三人に、タバコ代一〇〇〇円ずつ配給すると、大喜びだ。

向かいのオジサンは、内部をひと通り見て、解散。

劇団ひとり風味ナ店長と、電球を三個付け替える。一〇〇Wにすると明るい。

店長は、リビングと台所、脱衣所の壁紙の張替えが必要だという。二階は、案外、キレイだ。美装とニス塗りだけでいいと思う。窓をすべてはずして、ニスを塗ってくれていた。ありがたい。

劇団に、いくらで貸せるか聞いた。

「七万円くらいだと思う」

という。

ワタクシの考えでは八万五〇〇〇円。

今までの体験上、二人の数字を足して二で割った数字が、実際の家賃に近かった。駐車場三台込み、ペット可能姉妹、リフォーム自由が丘で、おそらく、七万五〇〇〇円から八万円くらいではないか？　リフォームの出来次第だが。

さて、現場を離脱して、さくら亭でビーフシチュー・オムライスを食べる。二人で三二〇〇円だ。マイナスのＣＡＳＨＦＬＯＷだ。吐きそうにナル。（商標登録申請予定）。

その後「プロノ」という作業着の店で、**一年前に約束した通り、劇団に八分ズボンを購入してプレゼント**。二九八〇円だ。マイナスのＣＡＳＨＦＬＯＷだ。吐きそうにナル。（商標登録申請予定）

「何から何まですみません」

劇団は恐縮して、お礼をいう。

「大丈夫、大丈夫。**そのかわり、空き部屋を全部、満室にしてくれ**」（ニヤリ）

というと、**顔が引きつっていた**。

さて、劇団を店舗まで送り届け、解散。その後、劇団のライバルＲ社にも営業。さて、明日はオオヤマさんと、庭の駐車場改造の見積もり立会いだ。

## 庭の工事の相談

五月一八日。札幌市手稲区の五五万円戸建で、庭の工事の見積もり。

ジョイフルＡＫで、ケルヒャーのノズルを購入。先日、亀裂が入っていたため、交換。ノズルだけで、四九八〇円だ。

ノズル二本付き新品の本体価格が一万五〇〇〇円前後なので、吐きそうにナル。（商標登録申請予定）物件に設置する芳香剤、スリッパも購入。

メルセデスで高速道路を走る。二〇分前後走行。

ＬＡに住んでいたときもそうだったが、メルセデスに乗ると、**必ずＢＭＷが背後から「猛スピード」で追いかけてくる**。

一五時三〇分、現場到着。すでに、美装の三人が「労働力投入」中。

本日、三日目なので、作業が進み、かなりキレイになっていた。ありがたい。

一六時、庭の工事のシンドウ社長が到着。京都・龍安寺の石庭の写真集を見せ、「大日本庭園風味にしてほしい」と、提案するが、

**「無理」**

と、簡単に却下サレタ。

しかし、龍安寺をモチーフに、龍安寺風味にしてほしいと、再度お願いしたら、

「何とか、低予算でやってみる」

とのこと。ありがたい。

一七時、大工のオオヤマさん到着。今回、庭の工事のシンドウ社長を紹介してくれた。

壁紙の見積もりをしてもらうが、他の業者は七〇〇円／平米だというと、

「そっちのほうが安いから、そっちに発注したほうがいい」

という。**そうしよう**。

三〇分ほどで、二人は帰った。その後、復活したケルヒャーで洗浄。久々の「労働力投入」（商標登録申請予定）だ。楽しい。

庭のアスファルトと、玄関を洗浄。一時間くらい「労働力投入」。

三人の美装のオニイサンに、一〇〇〇円ずつ、タバコ代を配給。日数を延長して、一定料金で、よく働いてくれるからだ。

さて、二階の窓から屋根を見てビックリ。けっこうペンキがハゲテイル。

一部のペンキ塗装で終わらせようと思ったが、屋根を全部塗らなくてはいけない。

美装一四万円、チップ込み、支払い済み。

庭工事一八万円。

室内塗装&壁紙、推定二〇万円。

屋根塗装、推定一五万円。

合計、六七万円くらい。

本体と諸費用も合わせると、全部で一五〇〇万円くらいになるかもしれない。吐きそうにナル。（商標登録申請予定）

実質利回り五六%から六八%くらいだ。**つまらんとです**。頑張ろう。

現在、屋根の色はこげ茶色だが、どうせ全部塗るのであれば、ナス紺にしよう。塗料の材料は、シリコンがいい。

## 時間ロスの少ない進め方

五月二〇日。札幌は大雨。美装の業者から昼過ぎに着信アリ。

明日、二度目のワックスをかけて、作業終了とのこと。最初の予定日より、三日も多く作業をしてくれた。ありがたい。値段も適正で、熱心だった。

さて、この日、電話営業。

まずは、壁紙。

台所、脱衣所、トイレは、汚れが目立つ。必ず交換しなければいけない。予算が合えば、和室二部屋、リビングも壁紙を換えたい。

また、台所と脱衣所と玄関のクッション・フロアーも交換したい。明日か明後日、見積もりを取る。その見積もりで、どこまでやるか決定スル。

さて、その直後、「劇団ひとり風味ナ店長」から着信アリ。

この貸家の間取り図面を、担当のヨシダくんが頑張ってつくってくれたそうだ。ありがたい。また、「劇団ひとり風味ナ店長」の知り合いが、一戸建を探しているようなので、リフォームが終わった直後に、ご案内したいそうだ。

『借金ナシではじめる　激安アパート経営』（ぱる出版）にも書いたが、やはり、一戸建は強い。特に、札幌市内であれば、尚、強い。

早めに作業に入ってよかった。

・物件購入。
・賃貸業者に募集。
・リフォーム。
・家賃の微調整。

この順番で仕事をするのがいい。

理由は、時間のロスが少ないからだ。

さて、その後、近所の塗装店に行き、打ち合わせ。

今回の家の屋根だけを塗る場合、六万円から八万円。案外、安い。一棟、すべて塗ると、四五万円とのこと。

一棟ごと、塗りたくなった。もし、全部塗ると、リフォーム代だけで一〇〇万円以上かかる。マイナスのCASHFLOWだ。吐きそうにナル。頑張ろう。

## 物件内部のリフォーム交渉

五月二二日。五五万円の戸建のリフォーム立会いと打ち合わせ。アンニュイな午後。メルセデスに飛び乗り、高速道路を走る。交換したばかりのモービル２（仮名）のエンジンオイルも調子がいい。インターを降りて数分なので、通勤に便利だ。海にも近い。

一六時三〇分、現場に到着。

庭の工事の業者が帰る場面に路面で遭遇シタ。**路面舞踏会だ。**

現場に戻り、工事の状況を確認。工事はかなり進んでいた。桜の木を一本残して、すべての木を伐採。庭に埋まっていた石、数十個も撤収。

庭工事の社長に、龍安寺の石庭の写真を渡す。

「龍安寺みたいにしてほしい」

とお願いする。

「これは、お金がかかるよ。無理だけど、なるべく、龍安寺風味に近づける」とのこと。

ありがたい。お礼に、『借金ナシではじめる　激安アパート経営』（ぱる出版）をプレゼントする。なお、石油タンクが劣化していて、新品のタンクとの交換が四万円するそうだ。塗装だと一万五〇〇〇円。一度交換すると、三〇年は持つので、交換することにした。これは、水道業者に頼む。マイナスのＣＡＳＨＦＬＯＷだ。吐きそうにナル。

三〇分くらい話をして、解散。

その後、物件内部に突入。美装が本日午前に終わった。かなりキレイだ。

こんどは、リフォーム屋の低橋社長（仮名）が来た。壁紙の張替えの見積もりだ。

「このベンツ、社長の？」

「そうですよ」

「高いでしょ？」

「いえいえ、中古ですから。新車では一六〇〇万円しますが、中古で七五万円で買いました」

という会話の後に、見積もり開始。

「社長、この家、いくらで買ったの？」

「いくらだと思いますか？」

「土地代だけでも、五〇〇万円くらいしますよね。社長のことだから、多分、三〇〇万円ぐらいで、安く買っているのでは？」

「**絶対に内緒ですよ**。売値が一〇〇万円。五〇万円で買付を入れて、少し押し戻されて、五五万円で購入しました」

「**……え〜？　五五万円**。社長、いつもよくそんな物件、探してきますね」

「ええ。ありがたいです」

「コレは**いい物件**を手に入れた」

プロのリフォーム屋からみても、この物件はいいという。外壁サイディングも施してあり、増築のときに、二階の屋根も張り替えている。

ワタクシは気付かなかったが、水道管も銅管に交換している。石油ストーブも数年前に二つとも交換している。二階の三部屋は、ほとんど手を入れなくてもそのまま貸せる。ベランダも交換したばかりだ。

ありがたい。売主様はリフォームに、数百万円投入しているようだ。

さて、今回のリフォーム。

台所、脱衣所、トイレの壁紙とＣＦの交換。これは、必ず実施スル。また、リビングの床が沈んで、隙間ができているので、隙間風が入る。そこに、発泡ウレタンを注入して、上から幅木をかぶせる。この方法が一番低コストだそうだ。

また、和室二部屋の壁紙交換を希望。砂壁だ。やや汚れている。

砂壁にそのまま壁紙を張れないかと提案するが、はがれてくるのでNGだという。ベニヤ板を張ってから壁紙を張る方法だと、一室四万五〇〇〇円。二部屋で九万円だ。吐きそうにナル。

砂壁をはがしてから張る方法もあるが、この場合、はがすのに一日かかるそうだ。見積もりが出てから決定しようと思う。塗りのほうが、安いかもしれない。

塗装屋さんにも、見積もりを取ってもらう。

「社長、塗装は自分でやったら?」

と、提案されたが、

「いえいえ、今は原稿を書いたほうが、お金になりますから。しかし、塗るのは大好きです。ただ、資材の搬入と撤収が面倒ですね」

といって転進シタ。

しかし、低橋社長が帰った後、自分で廊下にニスを塗った。「労働力投入」(商標登録申請予定)だ。やっぱり、塗るのは好きだ。

## リフォームの見積もり結果

五月二三日。五五万円の戸建物件のリフォーム見積もりが出た。

・台所
・トイレ
・脱衣所のクロス交換
・ＣＦ交換
・玄関土間のＣＦ交換
・床の隙間補修

で、合計六万九三五二円だ。

明日から工事に入れるというので、早速発注シタ。値段は、まあまあ安いと思うが、もっと安いところもある。しかし、何よりも、すぐに工事に入れるのがありがたい。

**時間のほうが大切だ**。

和室の砂壁に、直接壁紙を張るのは、**やはり無理**と、見積書に書いてあったのは笑った。

## 振り込みは、早いほうがいい

五月二五日。この日の仕事は、五五万円の戸建の、新品に交換した石油タンクの代金の振込み。

蛇口交換二〇〇〇円と合わせて、四万二〇〇〇円。直後に、振り込んだ旨を電話で報告。

請求書が来た翌日に振り込んだので、**業者は大喜び**。

**振り込みは、早いほうがいい**。

ところで、和室の繊維壁の件。

珪藻土を塗ろうか、壁紙を張り替えるか、ペンキを塗るかで迷っていた。しかし、本日、美人工作員より、安い壁紙業者を紹介された。

六〇〇円／平米だ。

繊維壁をパテ埋めしてから、壁紙を張るそうだ。

和室二部屋で、四万五〇〇〇円前後だという。

見積もりはいいから、そのまま工事に入ったら安くなるかと聞いたら、四万円になるという。

先に振り込めば、もっと安くなるかと聞いたら、なるかもしれないという。明日の電話で価格が決定スル。

珪藻土を自分で塗ろうと思ったが、一部屋分一万三八〇〇円。

二部屋で二万七六〇〇円。

**これに、ワタクシの日当六万円**（ニヤリ）**を加えると、予算オーバーにナル**。

他の壁紙業者が八万六六二五円だったので、四万円は安い。

半額以下だ。この業者にしよう。

また、本日は、賃貸業者三社に電話を発信シテ、物件の写真を撮りに行くように依頼。

昨日、駐車場を造り、砕石を敷いたので、その写真がネットに載ると宣伝効果が高い。

駐車三台可能姉妹だ。通称・３Ｐだ。

３Ｐ、ペット複数可能姉妹、リフォーム自由が丘で大募集だ。

あとは、屋根を塗る。費用は六万円から八万円。もしくは、建物全体を塗装。

その場合、四五万円くらいかかる。

もう少し考えよう。

## 早くて安い業者は、ありがたい

五月二六日。昨日の壁紙業者から着信アリ。

砂壁の和室、パテを盛ってから、壁紙を張るとのことで、四万五〇〇〇円だった。最初に見積もってもらった業者では、八万六〇〇〇円だった。だから、四万五〇〇〇円でもかなり安い。

そこで、昨日、発注の電話を発信。

「**見積もりの時間がもったいない**から、そのまま工事に入っていい。そのかわり金額は、もう少し何とかならないか？　**必要があれば、先払い可能姉妹**」と伝えてあった。

その後、着信アリ。三万二〇〇〇円でどうですかという。

**即決でOKシタ**。ありがたい。明日から工事に入れるという。電話を切った直後、銀行に行き、一〇〇〇円多い三万三〇〇〇円を振り込んだ。ありがたい。

仕事ぶりがよかったら、他の物件のお願いもしよう。早くて安い業者は、ありがたい。

明日は五五万円の戸建物件に行くかもしれない。

## リフォーム現場の視察に行く

五月二七日。五五万円の戸建の視察に行った。

現場で、桂文珍風味ナ「ヤマさん」と待ち合わせ。

庭の木は切り取られ、白い砕石が敷かれていた。駐車も、余裕で三台停められる。通称・3Pだ。

ヤマさんと、玄関フードの上の、ハゲた屋根を塗る。はじめてペンキを塗るというが、なかなか上手だ。

塗装後、脚立を撤去シテ、写真撮影。部屋中の電気を点灯して写真を撮ると、カッコいい。

途中、壁紙の業者が来た。砂壁に、パテを塗る。

ふと考えた。パテの代わりに、珪藻土を塗れば、壁紙を張る手間が省け、作業がもっと早いのでは？　今度、珪藻土を塗ってくれとお願いした。

「やってみる」とのこと。

やればできるじゃないか？　**業者も仕込んでいかなければいけない。**

その後、ヤマさんに、バルコニーのペンキを塗れないか提案。やってみたいという。明後日、ペンキを塗ってくれることになった。

淡い黄色の「ムーン・ライト」色のペンキと道具を配給。工作資金二〇〇〇万円を配給。

（**単位は、大げさに書いている**）。

その後、ふたりでさくら亭に行き、ビーフシチュー・オムライスを食べる。

ヤマさんに、色々聞いた。

東京で、ビジネスを八〇〇〇万円で売却し、引退。途中で、アパートを四棟購入したそうだ。なかなか、頭がいい。

そんな立派な人に、ペンキを塗ってもらって、申し訳ない。**すまん毛、ボーボーだ**。

## 塗装の打ち合わせ

六月七日。塗装屋さんと打ち合わせ。五五万円の戸建の塗装について。

一棟ごと塗るのには、ブロック塀を含むと、五〇万円くらいかかる。**これでは、もう一軒、家が買える。**悩んでいた。

投資家としては、塗らないほうが利回りは上がる。しかし、挫折した芸術家としては、ナス紺と淡い黄色と黄金の縁取りで塗りたいところだ。

最近、よくこの塗装のデザイン、真似られる。

**応用してもまったくかまわないのであるが、そのときは、ワタクシの会社に、デザイン料として、毎月、家賃の一〇％を振り込んでほしい。**（ニヤリ）

その場合、ペンキの固有名詞や、色の配分についても教える。

さて、この五五万円の物件、清水の舞台から飛び降りる覚悟で、塗装をしようと思っていた。しかし、先日、内覧をした一家が、八万五〇〇〇円で募集していた家賃に、逆「鬼のような指値」（商標登録申請予定）を入れられて、七万三〇〇〇円にしてくれないかといわれた。詳しい事情はかけないが、財務がタイトなようで、値引きに応じた。新築の自宅を手放さなければいけない理由があった。いわば、人助けだ。ワタクシも、ひとがいい。

結局、大幅な家賃値下げのため、全塗装を**転進シタ**。しかし、屋根の塗装が、やや風化しているので、ここだけは必要だ。そこで、自宅近所の塗装屋さんと打ち合わせ。

現在の屋根の色は茶色。ナス紺に塗りたかったが、その場合、屋根の地面に対して垂直な部分「スレート」も塗らなければいけない。

そうなると、足場が必要になるとのこと。足場を使う作業は、作業料が高くなる。

もっとも安上がりな方法は、同じ茶色にして、まださほど痛んでいないスレート部分は塗らないことだそうだ。

今回、屋根と破風（屋根の下の木部）を塗り、必要な部分にコーキングして、六万円とのこと。案外、安い。天候にもよるが、来週の月曜日か火曜日から工事に入れるという。少し迷った。仕方がナイ。武士の情けだ。発注シタ。

入居の契約は来週。引越しは、二〇〇八年七月中旬の予定。**それまで、別荘として使おうか？**

## 入居者との契約

六月一八日。戸建の入居者契約日。メルセデスで、手稲区Ｂ社まで走る。マシンをＢ社の入居している物件に横付け。窓ガラスに貼ってある「日の丸」（通称・マルノヒ）がカッコいい。社内に入る。**「怖い人がやってきた」**といわれた。怖い人ではナイ。ナウでヤングな人民だ。二時間くらい話す。契約書に、署名、捺印。契約金をいただく。八万五〇〇〇万円で募集している家賃を、七万三〇〇〇万円まで値引シタ。武士の情だ。マイナスのＣＡＳＨＦＬＯＷだ。吐きそうにナル。（商標登録申請予定）

敷金、ペット礼金、前家賃の三か月分、合計、二一・九万円をいただく。ここから、広告費〇・五か月分を支払う。一八万二五〇〇円が残った。ありがたい。

ワタクシの財布から、担当者にご祝儀一万円を支払う。**上納金だ。**

入居者の職業が大工さんということだったので、家賃を値引きした分、「労働力投入」してもらうことになった。軒下に小さな穴があいているので、そこを自分で修理してもらうことになった。材料代と人件費で一万円置いてきた。

契約終了後、物件の点検。写真撮影を実施シタが、すでに暗かった。

近所の老人がやってきて、**同じことを何回も話す**。変な人だと思った。

そのとき、隣の奥様とお嬢様が帰ってきた。老人が帰った後、話を聞いたら、その老人は、何と、「ボケ老人」だった。

隣人と、大日本庭園風味ナ駐車場で立ち話。なかなか、ナイスな隣人だ。

せっかくだからと思い、中に案内シタ。繊維壁にも、キレイに壁紙が張られていた。台所とトイレの壁紙、CFもきれいだ。美人のお嬢様が「おかあさん、ウチよりキレイ」という。ありがたい。収納も多く、5LDKだ。ニスを塗った窓枠もきれいだ。ムーンライトに塗ったベランダも、月明かりに照らされてキレイだ。隣人母娘に、「リフォームの秘訣は、できるだけ室内を明るくすることです。明るい壁紙、明るい電球。ニスで光る柱」

と、偉そうに説明シタ。二〇分くらい話して、解散。今度引っ越してくる入居者と、仲良くやってください、とお願いした。**ナイスなファミリー**だった。

この物件、隣人に恵まれた。

# 第4章 大家業を楽しむ日々

## アパート経営の苦悩

ワタクシがアパートメントよりも一戸建をススメる理由は、**物件の管理が楽だからだ。**北海道の場合、真冬には気温が氷点下一〇度以下になる。凍結による水道管の破裂、雪の問題がアル。

中途半端に入居率が低下したアパートメント。特に、上下の部屋が空いた場合、水道管の凍結する確率が高くなる。

人が住まないと、**室温も氷点下**になる。

二〇〇九年一月五日。#一〇一「Ｋｉ」の隣人のヨシダさんの奥様から着信アリ。

「アパートの壁から、水が漏っている。二階の水が溢れ、壁を伝って、一階まで流れている」とのこと。

正月早々、ビックリした。

とにかく、ワタクシが行っても、水道管の破裂には対処できそうもないので、リフォーム会社経営の低橋社長（仮名）に電話を発信。

低橋社長は、実家に帰省中だったが、職人に連絡を取ってもらい、止水してもらった。

こんなとき、「レジャー・ロック」に合鍵を入れておくと便利だ。

一時間後に、連絡アリ。

「二階の水道管が凍結により破裂。二階は水浸し。その水が、一階まで流れて、一階の天井と壁が、水を吸ってブヨブヨになっている。一階の床には水が溜まった。そして、その水が凍り、**スケートリンク状態**になっている」

との報告を受けた。

数日後、低橋社長と現場で待ち合わせ。まずは、一階の一〇三号室に入る。

天井、壁紙、床が水浸しになった形跡がある。入居者のために置いてあった、高級ティッシュ・ペーパー「鼻セレブ」も、水に濡れてグショグショで、箱が歪んでいる。

二階の二〇三号室。一階よりマシだったが、壁を破り、水道管の破裂した箇所を探し出す工事が必要だ。低橋社長には、

「**創意工夫**で、何とか低コストでリフォームできませんか？」

と提案したが、二部屋で一〇〇万円以上はかかるかもしれない。

満額は出ないかもしれないが、保険に入っていてよかった。

ここで、今回の水道管破裂の原因の分析と対策。

・部屋の上下が同時に空くと、水道管の凍結の原因になりやすい。

・二〇〇八年八月まで住んでいた入居者が、水道の水落としを実施してから退去したものだと思い込んでいた。

・水道の配管は「露出配管」がいい。壁の内部に配管すると、水道管が破裂したときに、場所を特定できない。

・**露出配管でも、ペンキで色を塗れば、オシャレに見える**。

・いつも発注している美装の業者に、クリーニングを頼んでいたら、最後に水道管のチェックをしてくれたと思う。中途半端にキレイだったので、美装を入れなかった。美装は、二万円で済んだ。

・**二万円を節約するために、一〇〇万円以上を失いそうだ**。吐きそうにナル。

・**本当に、保険に入っていてよかった**。二〇〇九年一月現在、一二棟所有しているが、年に一度、それも、正月明けに、水道や雪に関するトラブルが発生スル。二〇〇八年は、妹の物件の水道管が破裂。二〇〇七年は、ワタクシの小樽に所有するアパートの屋根の排水口が詰まり、行き場のなくなった水が、天井を破って落ちてきた。二階は空室だったが、一階は入居者が住んでいて、大変だった。

・一戸建の場合、入居か空室の「1」か「ゼロ」なので、冬期の水道のトラブルは少ない。

・単身者が多いアパートは、日中は入居者が仕事に行っている場合が多いので、物件自体が冷えるような気がする。一戸建やファミリー向けアパートであれば、家族の誰かが家にいる可能性が高いので、物件も暖まっている。

・一戸建の場合、除雪も入居者が実施してくれる。

結論としては、北国の単身向けの入居率の低いアパートメントは、よく調査してから購入したほうがいい。

北海道の場合、地元に住んでいれば何とかなるが、本州から経営するのは難しいと思う。

# 女子限定アパートメントの苦悩

#二〇二「女子限定アパートメント」。

毎年、雪が降る季節になると、入居者同士の駐車スペースのことで、苦情のメールが入る。

階段側のスペースに、一台分の駐車スペースがある。他に、旗竿の土地に、六台分のスペースがある。この旗竿の土地に雪が降ると大変だ。人力で旗竿の竿の部分を除雪してから、自分のスペースを除雪。

アパートの女子には、他の人の駐車スペースを除雪する余力もなく、結局、遅く帰ってきた人が貧乏くじを引くことになる。

そこで、階段側の駐車スペースの争奪戦になるのだが、入居歴が一番長いオネエサマが、権利を主張する。

最初は、このオネエサマしかクルマを所有していなかった。

大雪が降った後には、岡山砂利という会社に頼み、善意で除雪車を入れて除雪をするのであるが、そんなときは必ず町内の除雪依頼が重なり、翌々日の除雪になることがある。

要するに、後回しだ。ロットの太いクライアントを優先して除雪するようだ。

毎年のことなので、困っていた。

しかし、この問題は、意外なほど簡単に解決できた。入居者に、岡山砂利の電話番号を直接教えたのだ。車を持っている入居者に、

「雪が積もって駐車が困難なときは、直接、除雪車を手配してもいい。但し、ワタクシに事後報告でいいから、メールか電話で連絡してほしい。一階の出動は、五二五〇円かかる。毎年、平均して五回の出動だ。予算配分をよく考え、手配してほしい」

と伝えた。

その後、今のところ問題は起きていない。

本州の人が北海道で物件を購入する場合、真冬の最悪の時期に物件を見るべきだと思う。夏は優しい北海道が、冬には豹変スル。

水道管の凍結と除雪の問題は、北海道では永久に続く。

その問題と、上手く付き合っていくしかない。

## 女子限定アパートメントの苦悩②

さて、女子限定アパートメント。この近辺のアパートのトレンドが、急激に変化シタ。

二〇〇五年三月に、満室渡しで購入。

八気筒（注・八部屋）満室。七五〇万円。現金で決済。購入時の利回りは三一％だった。

購入時、ＯＬひとりを除いて、七名が近所の二年制の介護の学校の女学生だった。

二〇〇六年三月、二年生の女学生六名が、一気に卒業シタ。

一度に六戸の空室が出て、吐きそうになった。

この頃は、まだ、ひとりでリフォームをしていた。毎年、こんなに入退去があると、大変だと思った。

幸い、五名の女学生の入居が決まった。このとき、学校の卒業生のＯＬも、ひとり入った。その直後、二名の女学生の入居希望があったが、すでに満室になったので、断った。

二〇〇六年は、ＯＬ二名、学生六名。

二〇〇七年三月。

女学生が卒業。四月に、一戸空室が出た。少し、市場が変化したようだ。

このとき、学生の入居者を深追いせず、ＯＬを中心に募集をかけた。

その変化の気配とは、
・学校の受験者数が減ったという噂を聞いた。
・学校には女子寮があり、一年生はそこに入る人が多い。今まで、二年生になったらアパートを借りる人が多かったが、最近、女子寮から移る人が少なくなった、と、入居者の女学生から直接聞いた。
・介護の学校が、札幌市内にも設立され、都会で学生生活を送りたい人が増えた。
・二〇〇六年は、二名の入居者を断ったのに、空室が出た。
購入後、はじめての空室だったが、二か月後に、近所に就職が決まったＯＬが入居した。

入居時に、カーペットだった床を、フローリングに変更したいと希望があった。

長く住む予定というので、約一〇万円を投入して、床を張り替えた。

二〇〇七年の六月の時点で、ＯＬ三名、学生五名。

二〇〇八年三月。

二年生三名が卒業し、新入生ひとりが入ったが、今度は二部屋空いた。

このときも、あえて、学生を募集しなかった。

六月に、六〇代の女性の入居が決定。

八月に、男性の入居希望者から問い合わせアリ。少し迷った。

しかし、考えてみたら、女子限定アパートメントにこだわる必要もないな、と判断シタ。

そもそも、「女子限定」となったのは、物件購入時に入居者が全員女子で、三年間、女子ばかりの入居者が続いたからだ。

逆に、女子ばかりだと、深夜にＢＦがやってきて、**風紀が乱れる**可能性もアル。

実際に**「夜中にフンフンうるさい」**という苦情も受けた。

断腸の思いで、この男性に入居してもらった。

二〇〇八年八月の時点で、社会人五名、学生三名。

この原稿を書いているのが、二〇〇九年一月である。二〇〇九年三月に、三名の女学生が卒業予定。女学生一名の入居が決まっているが、二戸、空く予定だった。

そんなとき、入居者の女学生から、入居希望者がいると携帯にメール着信。

「但し、男子なのですが、いいですか？」とあった。

急いで、女学生に電話を発信。

学校の同級生で、今春卒業。卒業後は、アパートの近所に就職するそうだ。

五分後に、大家が直接電話すると伝えてもらい、電話を発信。話した限りでは、真面目そうな人だ。おそらく、二〇〇九年三月から、入居していただくことになる。

ありがたいことだ。

なお、入居者を紹介してくれた女学生に、約束通り、謝礼をするといったら、大喜びだった。

このように、**数年でトレンドが変化する場合がアル**。

脳ミソをフル回転させて、状況をよく把握して、変化に対応しよう。

ワタクシ自身も、社会人の入居比率を上げることによって、苦痛だった毎年三月のリフォームから、やや解放された。

社会人のいいところは、平均して入居年数が長いことだ。

特に、このアパートのように、**やや田舎にある物件は、一度住んだら長い**。

## 旧・「女子限定アパートメント」の入居率が高い理由

この物件、ワタクシが所有するアパートメントの中で、入居率が一番いい。

ちなみに、二番目に入居率が高いのが、昭和四二年築の「五十嵐荘☆改」というのも不思議な話だ。しばらく、満室が続いている。

旧・「女子限定アパートメント」は、

・ひとり暮らしの1DKにしては広い。二六・九一平米。
・昭和六三年築にしては珍しく、バス・トイレ別。
・全戸南向き。
・購入時、雪が降ったときの駐車スペースが二台分しかなかったが、除雪業者を入れることによって、七台分の駐車スペースが確保できた。
・**収納が大きい**。
・ストーブ、ボイラーなどの設備は、適度に新品に交換している。

・所有物件の中では、稼働率がいいので、予算を多めに投入して、適度にリフォームをしている。
・スーパーマーケット、郵便局、駅、食堂が徒歩圏内にあり、生活がしやすい。
・よって、クルマのない女学生や、お年寄りでも生活できる環境。
・建物の風通しがいい。
・隣接する駐車場に砕石が敷いてあり、見た目が**ナウい**。
・家賃が相場よりもやや安い。
・田舎なので、ライバルが少ない。ここ数年、新築も建ったが、札幌市内ほど乱立していない。
・**入居者が、皆、いい人だ**。
・購入当時、女学生に対する遠慮もあり、アパートの秩序が乱れかけたが、ワタクシも慣れてきたので、重要なことは強く主張するようになった。
・近隣との調和。

# 入居者に仕送りした話

大家をして、入居者が増えてくると、面白い入居者に遭遇することがある。

旭川市のアパートメント。二年間、空室だった部屋に、入居者が決まった。

親子三人のファミリーだ。二〇〇八年九月のことだった。

自宅から、約一五〇キロ離れた場所にあるので、賃貸契約は、不動産業者に任せていた。

入居者には、会っていなかった。

入居決定後、敷金、礼金もいただいた。

ようやく入居者が決まったと喜んでいた。

ただ、風呂のタイルが剥がれていて、コンクリートがむき出しになっている部分があるので、そこを修復したいという。また、玄関のコンクリートも、欠けている部分があり、そこも補修が必要だという。

本人は、建築作業の仕事に携わっていたので、材料があれば**自分で直す**という。

ワタクシも、旭川まで行く交通費と宿泊代を考えたら、この入居者に住みながら直してもらうのが、お互い、いいことだと判断シタ。

そこで、材料費と日当の二万五〇〇〇円送金した。

入居後すぐに工事に入る。数日後、終了。賃貸不動産業者に、完成後の風呂と玄関の確認をしてもらう。

「上手な仕事でした」と報告アリ。後に、メールで写真も送られてきた。確かに、いい出来だ。職人の経験があるという話も本当のようだ。

しかし、約二週間後、この入居者から着信アリ。ご主人様が、

**「大家さん、お金を貸してくれないか？」**


驚いた。

今まで、家賃を払えないので待ってほしいという電話は、多数受信したが、お金を貸してくれというのは、**初体験**だった。

入居者は、延々と、いかに自分の財務がタイトであるかということを説明する。

お金を持っていない人は、自分が持っていない理由を説明するのが上手い。

「月末の家賃入金日に、家賃と一緒に返済するので、二万円貸してください」という。

ワタクシより年上の五〇代の男性に、敬語でお願いされるのも、**胸が痛む**。

結局、もう返ってこないと思ったが、貸すことにした。指定された郵便局の口座に、当日、振り込んだ。

郵便局から送金するときに、プラス一〇〇円で、メッセージを添えることができる。ワタクシは、いくつかの定型文から、

**「頑張ってください」**

のメッセージを選び、送金シタ。ワタクシも、ひとがいい。

**貸したお金は返ってこない**。もう、寄付したものだとすっかり諦めていた月末、銀行に記帳にいったら、家賃に加え、貸したお金が入金されていた。しかも、一〇〇〇円、利息もつけてくれた。

**律儀な人**だ。これには驚いた。ところが、この入居者から、その二週間後に着信アリ。以前修復した風呂場が、再度、補修が必要だという。風呂から水が漏れるという。

さすがに、こう何度もお金の無心が続くと不審に思う。

入居者にこういった。

「何度も何度も、入居してすぐの入居者から、お金を請求されると、ワタクシとしても不安な気持ちになる。誰か、他の人から借りてください」

入居者も、いかに、今の風呂場が駄目で、すぐに修復が必要なことを、延々と説明する。

結局、少し怪しいとは思ったが、

「これが最後」

という約束をして、材料費と日当の一万八〇〇〇〇円を、郵便局から送金シタ。

今度は、定型メッセージから

**「無駄遣いしないでね」**

の文章を添えた。

今後も、こういったことが続くのかと覚悟をしていたが、不思議なことに、これが最後だった。

この送金の後は、滞りなく、毎月、家賃を振り込んでくれる。不思議な話だ。

あの、入居者の財務がタイトな数か月間は、何だったのだろうか？

それにしても、たいした金額ではなかった。

## ワタクシが高利回り物件にこだわる理由

　ワタクシが高利回り物件にこだわる理由を書く。高利回り物件だと、同じ売り上げに対する投資金額が少なくてすむ。つまり、次の物件を買いやすいことだ。「低利回りでも、長期保有して、フルローンを組む投資がいい」という人もいる。人によっては、そういう投資もいい。しかし、ワタクシは、年に一棟以上、物件を購入したい。高利回り物件の低額投資であれば、一年に何棟も購入できる。買い物をしているときが、一番楽しい。

　人によって考え方が違うかもしれないが、あくまでも、ワタクシの考えは、**「三年で投資金額を回収できる投資」**がいいと思う。実際に、「女子限定アパートメント」は、七五〇万円で購入して、二〇〇九年三月で、丸四年保有。ほぼ満室状態が続き、現在は、本体価格の一四五％を家賃で受け取った。現在の表面利回りは、三九％である。

　表面利回り三三％以上であれば、三年で全額、六年で二倍回収できる。実際には、諸経費、リフォーム代、固定資産税などがかかるが、今回は計算を簡略化するために、表面利回りで考える。投資金額の二倍を回収できれば、売却時に半分の価格になっても大丈夫だ。

六年経っても入居率がよければ、売る必要もナイ。実際には、購入時にかなり安く購入しているので、半額になることもないと思う。むしろ、購入したときよりも高く売れる。

ワタクシも、二〇万円で購入した戸建が、一二〇万円で売却できた。

また、購入した物件が、すべて満室にならなくてもいい。よく選んで購入しても、一〇棟買えば、二棟くらいはダメ物件だ。それでも、入居率が半分で一六％の表面利回りだ。入居率が三分の二で、三六％という物件も持っている。固定資産税も安く、現金で購入しているので、楽だ。高利回り、低価格物件だと、失敗したとしても、**たいしたダメージは受けない**。持っている資本の五分の一、できれば十分の一ずつ投資していれば、すべて失敗したとしても、立ち直れる。

確実な方法としては、物件を一棟購入したら、その物件が稼働するのを見届けてから、次の物件を買うほうがいい。取得税も来るので、できれば、半年以上、インターバルをとったほうがいい。低利回りＲＣを長期ローンで購入しても、二〇年、あるいは三五年間、満室に近い状態を維持しなければいかない。ワタクシにとっては、そのほうが苦痛だ。

何よりも、三五年間も一定の金額を支払わなければいけないプレッシャーがいやだ。しばらく貸して、売却するのもいいかもしれないが、もはや、希望価格では売れない時代だ。

レバレッジを否定している訳ではない。ワタクシも、国金から借りている。四〇〇万円借りて、二〇〇九年三月現在、残債は二六〇万円前後だ。

現金買いとローンを、上手く組み合わせることだ。しかし、借りる金額も、できるだけ少ないほうがいい。創意工夫で乗り越えよう。

**ワタクシも、たくさん借りたほうが、投資家としてのレベルが高いのかな？と考えていた時期があった。**カッコよく、一億円くらい、借りようかと思ったこともある。

しかし、今回の世界同時株安のような、自分でコントロールできないような時代のうねりを見ると、やはり、多額の借金がなくてよかったと思う。フルローンで購入した物件で、手元に残った金を増やそうとして、今回の紙の資産の暴落で、手持ちの現金を一〇〇〇万単位で失った人も複数知っている。

ローンを借りるよりも、先に、自分でお金をつくるほうが楽だ。ワタクシも、**本の印税が入る度に、物件を買った。**しばらくすると、本も最初の頃の勢いがなくなり、売れなくなる。そうすると、印税も入らなくなるが、このとき助けてくれるのが、印税で購入した物件だ。そして、ある程度ＣＡＳＨＦＬＯＷがあると、今度は、原稿を書く時間ができる。アルバイトをしなくても、収入がある。ありがたいことだ。

# 第5章 お宝物件を見つける方法

## 物件調査の実例

近所に住む八戸さん（仮名）から着信アリ。

一年間で四棟の物件を、ほぼ**現金購入**した五〇代の主婦だ。現在、全室満室。しかも、半径一〇キロ以内の距離にあり、掃除やリフォームも自分で実施している。元々、ワタクシの二冊の著書のファンで、読売新聞の勧誘のオネエサンの仲介で知り合った。

五〇〇万円の中古住宅が、近所に出てきて、先日実施した、ワタクシのセミナーで知り合った山下夫妻（仮名・三〇代後半）に紹介したいという。

一九時、物件の前で待ち合わせ。一二月の北海道は、この時間、外は**真っ暗**だ。暗くてよくわからなかったが、ボリュームのある一戸建てだ。

一眼レフのニコンD４０で写真撮影。値引き後、四万三八〇〇円で購入したカメラだ。安い割には、性能がいい。一〇枚ほど、外観の写真を撮る。人間の記憶は曖昧だ。よって、物件調査のときは、できるだけ多くの写真を撮り、購入の検討に入る物件は、A四サイズの高級紙に写真を印刷して、外壁の状態をみる。

物件の状態をよく知ることは、後に「鬼のような指値」（商標登録申請予定）を入れる根拠になる。ニコンの一眼レフは、フラッシュの光が強いので、写真に撮ると、外壁の状態がよくわかる。外壁に少しヒビが入っているが、コーキングしてあり、補修済みだ。

少し遅れて、山下夫妻が、アウディに乗って到着。ナウい夫婦だ。

四人で物件を見る。複数の人数で物件を見ると、様々な意見が出てきて、購入時のリスク・ヘッジができる。

物件を一周。裏に大きな倉庫も付いている。日当たりもよさそうだ。築年数は三〇年前後だと思うが、ほどよく手入れされている。北海道では重要な、玄関フード、石油タンクもほぼ新品だ。何よりも、床面積は推定一二〇平米あるので、大家族でも住める。駐車場は、縦列だが二台。奥の畑に砕石を敷けば、三台は停められる。通称・３Ｐだ。

この物件、**悪くない**。

続いて、たまたま帰宅した、近所の住民にインタビュー。周辺の環境は良いという。

「いますぐ、仲介業者に電話を発信したほうがいい」

と助言をスル。山下氏が、ワタクシの六〇万円で購入したクラウン・マジェスタの後部座席から、仲介業者に電話を発信。

翌日、山下夫人と、八戸さんが、一四時に物件の前で待ち合わせして、仲介業者に中を案内してもらうことになった。安く買えるといいと思う。

さて、その後四人でそばを食べに行く。鴨南蛮そばを食しながら、プチ「図面舞踏会」の実施だ。二時間くらい話し込む。物件の話は、楽しい。本日の物件、ワタクシの勝手な意見だが、ペット可にすれば、七万五〇〇〇円から、八万八〇〇〇円で貸せると思う。

五五万円で購入したワタクシの札幌市内の家も、入居者が決まった後、

「犬が五匹いるので、ペット可であれば、札幌市内のどこでもいい」

という、入居希望者がいた。

この山下夫妻、なかなか真面目で貯金もしている。こういう人は、物件を買うのも早い。

建物の立地や利回りも大切だが、**一番重要なことは、資金調達能力だ**。

ワタクシのような「激安中古住宅経営」の場合、小資本からはじめられる。特に、戸建は、金銭的構造がシンプルで、運営が楽だ。運営のノウハウを覚えてから、レバレッジをかけても遅くはナイ。何よりも、自分に不動産を運営する能力があるかどうかを確認できる。

営業力、交渉力がナイ人は、アパート経営に苦労すると思う。こんなワタクシでさえ、入居者からクレームを受けると**気が滅入る**。山下夫妻が、いい物件を入手できるよう祈る。

# 売りラブ・ホテル物件の内部に突入

**売りラブホテル物件**の偵察に行った。

土砂降りの雨の中、札幌市南区のラブホテル物件に向かう。

国道二三〇号線から五〇メートルほど脇に入った住宅地の中に、その物件はあった。

一階がガレージになっている、六気筒のラブホテルだ。推定築年数四〇年。

売値は三二〇〇万円。

六気筒のうち、四戸が「入居中」だった。こんな田舎のボロ・ラブホテルでも、利用者はいるものだと、妙に**感心**スル。

さて、いよいよ物件内部に突入だ。

二〇三号室に入ろう。**作戦名「二〇三高地」**だ。

前方道路から駐車場に入る。しかし、間口が二メートルくらいだ。

**狭い**。

クラウンマジェスタの幅が、一・八メートルくらいだ。前に乗っていたメルセデス・ベンツ500SELだったら、入らないと思う。車高の高い車も困難だ。

一旦、ハンドルを切り返し、今度はバックから入れようと試みる。

目隠し用の壁も前面までおしせまっている。半分くらい車体が入ったところで、**おさまりが悪いので、もう一度前進したら、「ギー」という変な音がした**。

悪い予感がスル。

クルマを停め、車体を確認したら、左後部のバンパーが、間口の柱に当たり、コスれて傷がついた。幅一センチ、長さ一〇センチくらいだ。

吐きそうにナル。

この時点で、**一瞬にして購入意欲が減退**。

吐きそうになりながらも、意を決し、二〇三号室に向かう。**忍者屋敷風味ナ階段**を昇る。

ドアを開けると、そこには、

**「共用部分」**

があった。

要するに、一旦共用部分の廊下を歩いて、二〇三号室に入らなければいけない。

これは**恥ずかしい**。

しかし、これも設計士がわざと、**「羞恥プレイ」**のために考えたのであろうか？

さて、二〇三号室に突入。床に段差がある。トイレは、ウォッシュレットなし。風呂は家庭用だ。

奥に、フンフンする四畳半くらいの部屋に、ダブルベッドが置いてある。

**狭い**。

狭いのに、間仕切りがあるので、さらに狭く感じる。全体で一八平米くらい。

ニコンＤ４０で写真を三〇枚くらい撮る。狭い部屋には広角一八ミリが役に立つ。

料金は、休憩三時間・三六〇〇円。サービスタイム・三〇〇〇円。宿泊・五八〇〇円と、激安だ。しかし、激安だと、あまり収益も上がらないかもしれない。

**床も、傾いている**。

転進だ。

しかし、すぐに帰っても三〇〇〇円のサービスタイム料金が発生する。悔しいので、風呂に入ることにした。セブン・イレブンで購入した日本酒を入れる。

**大日本酒風呂だ**。

家庭用の風呂に入浴だ。つまらない。あまりにもつまらないので、風呂から出たあとに、ベッドに横になり、1P（ワンピー・商標登録申請予定）を実施シタ。

**「通称・大気放出」だ**。

恥ずかしい話だ。

しばらくしたら、元付けの不動産屋から着信アリ。本日も夜、投資家が物件を見にくるそうだ。しかし、事情を説明し、この物件は満額では買えないと説明。

転進した。

さて、売りラブホテル物件をあとにして、帰宅途中、入居者から着信アリ。

＃404「五十嵐荘☆改」の入居者だ。**ネズミが出現し、足をかまれたので、治療費と、ネズミ捕りの代金を出してほしいという**。

こういう場合、大家に責任があるのだろうか？

「明日、保険屋に連絡する」といって、電話を切った。

**こんな人ばかりだ**。

しかし、数万円の治療費であれば、ワタクシが支払ってもいいと思っている。多分、翌月の家賃から引くといえば、大喜びだと思う。

つまらない仕事だが、これも試練と考え、頑張ろう。

## 激安不動産の探し方とツール

これは、『ボロ物件でも高利回り　激安アパート経営』（ダイヤモンド社）と、『借金ナシではじめる　激安アパート経営』（ぱる出版）で何度も書いているが、重要なので、再度書く。

**・インターネットで検索。**

インターネットがあれば、二四時間、物件の検索ができる。**会社の飲み会に参加している場合ではナイ**。早く家に帰って、物件の検索をスル。いい物件が購入できたら、そのあと、いくらでも酒が飲める。しかし、収入が増えたら、**ストレスも溜まらない**ので、さほど酒を飲まなくても大丈夫だ。

**・新聞の三行広告。**

不動産売買の**三行広告**が多く載っている新聞を探し、定期購読しよう。お金がなければ、週に一回、コンビニで新聞を買う。ここ北海道では、読売新聞と朝日新聞の朝刊に、売り物件情報が載っている。毎朝、目を通すのが日課だ。#一〇一「K・i」と、#二〇二「女子限定アパートメント」は、この三行広告で発見シタ。**このニ棟をCASHで購入したとき、つとめ人の卒業を確信シタ。**

**・地元情報誌の定期購読。**

不動産の売買、賃貸専門の雑誌を定期購読スル。有料の雑誌もあるが、毎月、不動産業者が送ってくる無料の小冊子もアル。電子メールに毎週、新規売り物件情報を配信してくれる会社もアル。

**・ブログの読者からの紹介。**

五五万円の札幌市手稲区の一戸建は、**随筆の読者**からの紹介だった。

**・不動産業者。**

今まで、北海道の不動産業者百社以上に電話を発信し、図面を取り寄せた。何棟も購入

すると、今度は不動産業者から
**「面白い物件**があるのですが、如何でせうか？」

と連絡がある。

または、物件があればＦＡＸしてくださいと伝えておけば、自動的に図面を受信できる。

あらかじめ、自分の希望する物件の価格、地域を伝えておくと話が早い。

**・ＦＡＸ。**
後半に登場する小場様の手記にも登場するが、ＰＣを使うことができない不動産業者も多数いる。

ワタクシの石狩市の商業ビル。四五〇万円で購入したが、最初は一四五〇万円で売られていた物件だ。元付け業者が年配の方で、手書きの図面だった。のちに九三〇万円まで価格が下がったが売れなかった。

そして、ワタクシの元に情報が来たときには、五〇〇万円になっていた。

もし、ネットに出ている情報であれば、ワタクシの予想であるが、一二〇〇万円でも売れたと思う。

手書きの図面は、**露出度**が極端に少ない。

**・近所の人の情報。**

小樽市の二〇〇万円の戸建は、隣のオジサンの紹介だった。

**・まとめ。**

零戦のエース・パイロットで『大空のサムライ』の著者・坂井三郎先生に直接お会いしたときに、

「**どんなに確率が低くても、可能性があればできる限り努力することだ**。私も再び、零戦で硫黄島に夜間に着陸しろといわれてもできない」

といっていた。

大家の仕事としては、入居者が決まる確率を高めることだと思う。読者の皆様にも、創意工夫で乗り越えてほしい。

# 物件調査ツール・電子機器編

**・携帯電話。**

できれば、二台持ちたい。一台で電話中に、不動産業者からもう一台の電話に連絡が入ることはよくある。ワタクシは、ＮＴＴドコモ（通称・ＮＴＴ子供）と、ソフトバンク（通称・ハード・バンク）の二社の電話を使用している。

ＮＴＴ子供は、昔のムーバだ。亡き父の生前の映像が入っているので、なかなか新機種に交換できない。

ハード・バンクは９２２ＳＨ「インターネット・マシン」を使用している。物件の検索がしやすいので便利だ。株価の検索も早い。

ソニー創業者のひとり、盛田昭夫氏の『ＭＡＤＥ　ＩＮ　ＪＡＰＡＮ』にも、社員には電話の回線を二本引けと指導していると書いてあった。生前の盛田会長にＬＡでお会いできて、本当によかったと思う。写真も一緒に撮った。

「ソニーのＣＭに出してください」と直訴したが、却下された。無謀だった。

**・パソコン。**

できれば、パソコンも二台持ちたい。理由は、一台が故障しても、物件を探すことができるからだ。ワタクシ、二〇〇五年一〇月に購入した、東芝のコスミオの一五・四インチのパソコンが、二〇〇八年九月一五日の朝に、画面がすべて真っ黒になり、玉砕した。

その日の午後、ヨドバシカメラまで走り、事前に調べていた**パナソニックのレッツ・ノートY7**を購入し、友人のパソコン・ショップでデータを移植し、夜にはブログが復活シタ。二八万八〇〇〇円と、痛い出費だった。しかし、原稿を書くには一四・一インチの画面はやや小さい。

そこで、九月二四日に、近所のケーズ・デンキに行き、**東芝のコスミオ**の一八・四インチのノート・パソコンを購入。値引きしてもらったが、二七万二〇〇〇円だった。この出費も痛かったが、このコスミオ、**物件の検索と原稿の執筆にはすこぶる調子がいい**。文字が簡単に拡大でき、見られる範囲も広いので、目が疲れない。一台目は、できれば画面が大きいほうがいい。一七インチのノートPCであれば、今なら一二万円前後で購入できる。

また、八・九インチのPCであれば、五万円前後で購入できる。これなら、通勤途中や会社の昼休みに物件の検索ができる。また、クルマに積んで、マクドナルドや喫茶店で物件の検索ができる。便利な時代になったものだ。なお、文字入力の効率ＵＰのため、ワタクシは外付けのキーボードを使用している。

**・ニコンD40。**

ニコンの一眼レフ・カメラ。ヨドバシカメラにて四万三八〇〇円で購入。銀色のボディだ。建物の写真がきれいに撮れる。フラッシュが強いので、夜の撮影にも適している。ズームレンズ付き。広角レンズは、室内全体を撮るときに役立つ。望遠で建物を撮るとカッコよく写る。

**・キヤノンA470。**

コンパクト・デジカメ。近所のカインズ・ホームにて、一万円で購入。単三電池二本使用なので、旅行のときに、充電器を持ち運ばなくていい。一眼レフを常時、持ち歩くのは重い。このＡ４７０も、若干重いが、許容範囲だ。常時、クルマに積んでいる。

一万円なので、紛失しても、故障しても、泣ける金額だ。また、**海外で使用するときに、乾電池仕様は強い。荷物が軽量化できる。**

**・KENKO　DVS2500　HD。**

ハイビジョン・デジタルビデオカメラ。カインズ・ホームにて、九八〇〇円で購入。

ＶＴＲが九八〇〇円で買える時代になった。二〇〇六年五月に、キヤノンのＤＣ４０というビデオカメラを購入し、使用しているが、予備でもう一台購入。

ＤＣ４０は、ＤＶＤで綺麗に撮れるが、立ち上がりに時間がかかる。ＤＶＤ初期化が必要。再生する機械が少ないなど、デメリットもある。しかし、ケンコーは、

・ＳＤカードに録画。

・立ち上がりが早い。

・単三電池四本使用。

・軽量、コンパクト。

・安いので**壊れてもあきらめがつく**。

などのメリットがある。これも、クルマに積みっぱなしにする予定だ。

ＶＴＲがあると、帰宅してから改めて物件の検討ができる。プレゼンテーションしやすいなどのメリットがある。

考えてみれば、一九九三年、ハリウッドの撮影現場で、モニター付きのビデオカメラで

撮影現場を撮影する日本人出演者がいて、うらやましく思ったものだ。

そのときのビデオカメラの価格は、二〇〇〇ドル（当時・約二〇万円）した。

あの頃の値段を考えると、安くていいモノが簡単に入手できる時代になった。

**勝間和代さんの本にも、テクノな製品で武装セヨ、と書いてある。**ナウでヤングなツールが、こんなに安く手に入る時代だ。ありがたい

## ・カーナビ。

六〇万円で購入した、クラウン・マジェスタに純正で付いていた。カーナビも、サンルーフも、本革シートも、４ＷＤも最初から付いていて諸経費込みで六〇万円とは激安だ。

ハイオクタンが二〇〇円／リッターだった二〇〇八年八月に購入。こんなときは、誰も四リッターのマシンは買わない。最初は九〇万円で売っていた。購入時、中古車屋さんに、「社長、社長の仕入れは素敵です。しかし、**時代が悪い**。今、損切りしてこのクルマを現金化して、**エコなマシン**を二台仕入れたほうが、お互いのためにいいと思う」と提案したら、値引きしてくれた。ありがたい。

さて、このクラウン・マジェスタ。純正のカーナビの精度は高い。ただし、平成九年式

なので、番地表示まではできない。これは、地図と併用すれば、克服できる。物件にたどり着くまでの時間が、大幅に短縮できる。

真冬に路面が凍結したときでも、急な坂を登る。積雪が三〇センチあったときでも、エアサスを「ＨＩＧＨ」にすれば、七センチくらい車高が上がり、悪路の走破性が高くなる。どんな悪条件でも、物件にたどり着ける。

いいマシンだ。

雪の降らない地方に住む人には、五〇万円以下のセルシオかクラウンがおススメだ。グリップのいい太いタイヤを履けば、運転も楽しい。ＢＧＭは、ロバート・キヨサキとドルフ・デ・ルース博士の対談ＣＤか、ＣＤ「激安アパート経営」シリーズだ。

**安い高級車を、単車に乗るような気分で乗り回し、平日の晴れた日に、物件を見に行く。これほど楽しいことはない。**

中古車と中古住宅。共通点が多いように思う。自分で改造するのが好きな人には、もってこいの趣味だ。いい中古車を安く買っている人は、高利回りの中古住宅を上手く発見スル。また、高級車の新車が好きな人は、新築のＲＣをフル・ローンで建てるのが好きだ。乗っているクルマによって、オーナーの性格がよくわかる。

## 物件を探すクルマについて

クルマがあれば、飛躍的に物件を調査する能力が増す。**道具のレバレッジだ。**二四時間、いつでも物件調査ができる。

購入車種は、五〇万円以下のセルシオ、クラウン、クラウン・マジェスタ、マークⅡ、チェイサー、クレスタがいい。**理由は、これ以上の価格であれば、中古住宅が買えるからだ。**高いマシンを買って、物件が買えなければ元も子もナイ。

一〇万キロ以上走っていても、**よくメンテナンスされているマシンは買いだ。**アメリカのデータでは、自動車の平均寿命は一五年だ。ちなみに、日本での平均寿命は、二〇〇八年現在は一一・六七年だ。

カーナビ付きだとさらにいい。物件に早く行ける。新品で取り付けると、一〇万円以上する。

ＬＡ時代、人格の破綻した関西出身の社長が経営する会社で、数か月、中古車の買付のアルバイトを実施していた。そのとき、一〇万マイル（約一六万キロ）以上走っているクルマが、**平気な顔**をして売買されていた。

ワタクシが三年半、USAで乗っていた金色で白の革シートの「メルセデス・ベンツ450SEL」は、一一万マイルで購入し、一七万マイルまで走行。長距離をよく走った。安部譲二先生の本を読んだら、同じ色のメルセデスに、かつて乗っていたそうだ。センスが似ている。

このメルセデス、日本に帰国中、盗まれて終わりだった。

五五〇〇ドルで購入。修理と維持に、数万ドル投入した。

夜中にフリーウエイの出口で故障して、親切な黒人に押してもらったこともある。

**「俺がプッシュしてやるぜ、メーン！」**

犯罪が多発するLAで、奇跡的に盗難されたメルセデスが発見されたときは、鍵穴が壊された状態だった。

アメリカの「フォト・バイズ」という雑誌に自分で写真を送り、広告文を英語で考え、掲載。

一〇〇〇ドルで売りに出し、**ジンガイ（外人）から「鬼のような指値」（商標登録申請予定）が入り**、故障を承知の上で、四〇〇ドルで売却した。このとき、クルマに投入したマネーが戻らないことと、**ジンガイの指値の厳しさを知った**。

多額のドレスアップをしたマシンでも、いつかは壊れたり、盗まれたりする。高い車を買うと、車両保険にも入らなければいけない。おススメは、安い高級車だ。クルマの購入では、失敗したこともある。

**七五万円で購入した「メルセデス・ベンツ500SEL」は、高速道路で白煙を噴いて玉砕シタ。購入後三か月目の七月だった。甲子園の一回戦で負けた球児の気分だった。二〇〇八年、最大の損切りだった。**

気を取り直して、二〇〇八年八月にクラウン・マジェスタ四輪駆動を購入。この原稿を書いている二〇〇九年一月、外は猛吹雪で夜中に帰ってきたが、吹きだまりで荒れた真冬の路面でも、走破性がいい。

カーナビも純正で付いている。サンルーフ、革シートも付いてきた。四リッターのエンジンもよく回る。安い割には、楽しいクルマだ。リッターあたり、四キロから六キロと、燃費は悪いが、本体価格が安く、車両保険も不要なので、その分、ガソリン代に投入できる。

三〇〇万円くらいの、ナウい中古車も買えたが、いい物件が急に出てきたら困るので、ＣＡＳＨを温存。メルセデスの損失もあったので、ぐっと我慢シタ。

二〇〇八年五月には、五五万円の家も買って、リフォームと諸費用で七五万円、トータル一三〇万円を投入。毎月、七万三〇〇〇円の家賃をいただいている。

さらに、二〇〇九年二月にも、小樽市の二〇〇万円の一戸建が買えることになった。

想定家賃は、六万円から七万五〇〇〇円だ。

いい中古住宅を購入するまでは、安い中古車に乗ってお金を貯めよう。

ちなみに、ワタクシのクラウン・マジェスタ。二〇〇五年八月には、同じ年式で同じような装備のマシンが、カーセンサーという雑誌で、二三八万円で売りに出ていた高級車だ。

三年間で下落したマネーで、家が一軒買えて、クルマも買えるという不思議な話だ。

二三八万円でこのクルマをローンで買った人が、いちばん、バカバカしいと思う。

六〇回払いだったら、まだ残債が一〇〇万円以上残っているだろう。

ワタクシのやっていたことは、一八万円で購入したチェイサー、通称**「大東亜決戦号」**に我慢して三年間乗っていただけだ。

このクルマで、一三棟の物件を探し出して購入シタ。

資産を手に入れるためには、若干の我慢が必要だ。しかし、その我慢も永遠ではない、いつかは楽になる。**若干の恥ずかしさを乗り越えると、そこに富があるかもしれない。**

# 第6章
# 超高利回りを実現する方法

## 激変したアパート市場

二〇〇八年一二月九日、Ｊ社の劇団ひとり風味ナ店長のはからいで、オ〇ックスの不動産融資担当者に会った。世界同時株安の直後から、売り物件が大量に出てきたという。金利を聞くと、五％から六％。その上、融資実行時に、三％の融資手数料がかかるという。購入時の利回りは、六％から八％の人が多いそうだ。

そりゃ、**売りたくなるな**と思った。

最近、破産する大家が急激に増えたという。どういう人が破産しているかを訊いた。「**新築で購入し、利回り八％以下で、入居率が低下し、家賃が下がった三年目の大家**」だそうだ。

それにしても、そんな物件、何故、購入したのだろうか？

新築の美しさに惑わされず、中古物件の利回りを選択するほうが、いいと思う。

逆にいうと、これからは、**洗練**された投資家にとっては、いい時代だ。

個人的な考えだが、二〇〇九年二月から、不動産価格はもう一段下げると思う。

その日のために、ＣＡＳＨを温存しておこう。

## 「八〇対二〇の法則」をリフォームに応用スル

二〇〇八年一〇月の世界同時株安以降、アパートの空き部屋が増え、募集家賃も下がった。今までの、リフォームをして、家賃を高くする戦法は、通じなくなった。

そこで、すでに物件を複数所有している人に提案したい。

複数持っていると、収益を上げる物件と、収益を食う物件（**通称・ワニ物件**）の二つに分類される。最近のワタクシの戦法は、収益を上げる物件のリフォーム代に八〇％、ワニ物件には二〇％という予算配分だ。

厳密にいうと、ワニ物件は、最低限のリフォームしかしない。

二〇〇七年一二月に、約一〇〇〇万円投入してリフォームした二戸が、一年以上、空室のままだ。小樽市の物件だ。吐きそうにナル。

一〇〇〇万円が、まったく収益を生んでいない悪い例だ。

この一〇〇〇万円を、収益を生んでいる「女子限定アパートメント」の外壁塗装か、外壁サイディングに投入するべきであった。

ボロ物件は徹底的に**「放置プレイ」**（商標登録申請予定）を実施シロ、といっている訳ではナイ。リフォームに優先順位を付けるということだ。

収益を生む物件は、徹底的にリフォームを実施したほうがいい。

ある程度、購入前にチェックできるが、物件も所有してみなければ、上手く運営できるかどうかわからない。しかし、複数持てば、リスクも分散できる。

そのあとは、マネジメント力が必要だ。

収益を生む物件の条件は、

・入居率が高い物件。

・残存価値がある物件。

・**行儀**のいい入居者が多い物件。

・管理が楽な物件。

逆に、できるだけ予算を投入しない物件は、

・残存価値がナイ。

・家賃が安い。

・極端に入居率が悪化した物件。

・収益に対して、リフォームに巨額の費用がかかる物件。
・今後、下降トレンドの地域にある物件。
かくいうワタクシも、購入時に満室だったが、その後、徐々に入居率が低下した物件も持っている。

最初の頃は、満室を目指し、すべての部屋をリフォームした。

しかし、二〇〇七年夏頃から、リフォームしても、入居者が決まらなくなった。

新築物件も飽和状態になった。すべての空き部屋にリフォーム代を投入すると、収益が出なくなる。入居者も決まらない可能性もあるが、出費も痛い。

ここで、矛盾が発生スル。

どうせ、予算を使うなら、効率のいいモノに投入したい。

ワタクシも、試行錯誤をシタ。

これは、ワタクシの勝手な意見であるが、多額なリフォーム代を投入するよりも、次の優良な物件の購入資金に充てるほうがいいということだ。

全国各地に三〇〇万円以下の中古住宅はアル。ほとんど、リフォームなしで貸せる物件もアル。そんな物件を発見するほうが、資金効率がいい。

## ペンキを塗る方法

誰にでもできる簡単なリフォームがある。

それは、**ペンキを塗ること**。

洗練された投資家で、床屋のモデル風味ナ男前のｊｍ４８２２こと、松田ジュン氏のように、自分で壁紙やフローリングを張る人もいる。しかし、これは、松田氏のように、**血のにじむような訓練が必要だ**。フローリングの材料を物件に搬入するだけでも、大変な作業だ。その上、ある程度、大工道具への投資も必要だ。

仕上がりにも精度が要求される。

その点、ペンキ塗りは、初心者でも比較的「労働力投入」（商標登録申請予定）しやすい。

ワタクシも、かつては初心者であったが、ペンキ職人のキタさんが塗っている現場を見ながら覚えた。ここで、ペンキの塗り方について説明スル。

まず、**最初に、塗る「相手」を見つける**。

ブロック塀や玄関のコンクリート部分、押し入れの内部の壁などは、初心者にも塗りやすいと思う。一軒家の外壁を塗るのは、やめたほうがいい。二階建てだと、足場が必要だ。

また、屋根も平屋以外は、塗らないほうがいい。屋根から落ちたら大変だ。北海道に多いトタン屋根の塗装も、プロに頼んでも、一〇万円以下で塗れる。

次に、色の選択。**大家のセンスが問われる**。

ワタクシは、書店で売っている単語帳のような形をした**「色見本１９９色」**から、塗りたい色の目星をつける。個人的には、淡い黄色が好きだ。

**明るい色を塗ったほうが、入居希望者には評判がいい**。

次に、ペンキの選び方。ワタクシは、近所のジョイフルＡＫというホームセンターで、色を選ぶ。油性と水性があるが、初心者には水性のほうが塗りやすい。

**油性ペイントは、シンナーで薄めるため、ニオイが強烈で、アタマが悪くなりそうだ**。

小さい子供と一緒に「労働力投入」スル場合は、注意したほうがいい。

但し、金属部分は油性で塗ったほうがツヤが出る。上手く使い分けよう。

ホームセンターで、どんな色を塗るか迷ったとき、一番小さい四二〇円の缶を購入して、実際に塗ってから、大きな缶を買うほうがいい。

最初に大きな缶のペンキを買って、色が気に入らなかったら、無駄になる。

色を選んだら、今度は分量だ。ワタクシは、予定使用量の一・五倍分、購入スル。理由は、途中でペンキが切れたときに、足りない分を買いに行く時間がもったいないからだ。

さて、今回は、ブロック塀の塗り方について説明スル。

まず、ブロック塀を、ケルヒャーの高圧洗浄機で洗浄して、よく乾かす。夏の晴れた日であれば、すぐに乾く。

天候も重要だ。当たり前のことだが、野外を塗るときは、雨の日を避ける。**一度、雨天決行でペンキを塗ったことがあったが、塗ったペンキが流れだし、大変なことになった。**

ハケで塗るのもいいが、効率を考えると、ローラーのほうが早い。ローラーにつける「継ぎ手」も準備スル。通称「如意棒」だ。六八〇円くらいで購入できる。

さて、いよいよ塗りに入るのであるが、その前に重要なことは、マスキングだ。

このマスキングで、仕上がりが違ってくる。ワタクシも、マスキングは面倒なので嫌いだ。しかし、仕上りが、マスキングによって違ってくるので、早く塗りたい気持ちを抑えながら、作業する。

体験上、テープに長いビニールがついている「マスキング・テープ」を使用すると便利だ。

マスキングを施したら、今度は「シーラー」を塗る。省略してもいいが、シーラーを塗ってからペンキを塗るほうが、仕上がりがキレイだし、ペンキの消費量が減る。シーラーなしだと、ペンキがブロック塀にしみ込んで、ペンキの使用量が増える。

また、ペンキを塗るときの衣装も大切だ。ペンキが飛んで汚れてもいいような格好をスル。ワタクシは、ペンキ塗り専用の八分ズボンを持っている。

さて、いよいよペンキを塗る。缶をよく振って、かく拌スル。水性ペイントは、気温の低い冬は、原液で使用するが、夏場は五％から一〇％の水で薄める。ペンキ用のバケツにペンキを入れ、網でシゴいてペンキが垂れないようにする。

ペンキ職人のキタさんの仕事ぶりを見ていたら、最初に、壁の中央を「W型」に塗ってから、残りの部分を塗っていた。

「W」に塗ったときに、ローラーのペンキが壁に吸収されるので、余分なペンキが垂れて他の部分を汚すことがない。

複数の人間で塗ったほうが、作業効率がいい。この場合、**分業にするのもいいが、皆、ペンキを塗りたがるので、ローラーと如意棒とハケは、多めに用意しておいたほうがいい。**

ローラーやハケは、使用後に洗えば、再度使えるが、ワタクシは、洗った後の管理が面倒なので、使い捨てにする場合が多い。

一度塗ったら、今度は乾くまで休憩して、二度塗りをする。完全にペンキが乾く前に、マスキングを剥がす。日没までに、すべての作業を終了させたい。夜間に外壁を塗ると、よく見えないので、仕上がりが雑になる。**夜中に壁を塗ったことがあるが、どこまで塗ったかわからなくなる**。翌日確認したら、塗り残しがあった。

最近は、自分で塗ることも減ってしまったが、ワタクシは、**ペンキ塗りが好きだ**。

挫折シタ芸術家にとって、最高の趣味だと思っている。

**ところで、ペンキを上手に塗る方法がアル**。

**それは、とにかくペンキを塗って、塗って、塗りまくることだ**。

最初の頃は、自宅にペンキを持ち込んで、自分で製作した木製の看板を塗って訓練シタ。

慣れてくるに従って、ペンキを塗る技術も上達スル。

作業も早くなり、衣服も汚さなくなる。

余談だが、先日、年老いた母と自宅庭先の物置を整理していたら、二〇〇四年九月に他界した父が使っていたペンキの缶が出てきた。

そういえば、ワタクシが中学生の頃、自宅の屋根を塗っていたことを思い出した。

その頃は、まったくペンキ塗りには興味がなく、父が手伝えというのを拒否していた。

錆びたペンキの缶を見ながら、母と、生前の父の思い出話をした。

父は、会社が休みの日曜日に、朝から晩まで、熱心に自宅の手入れを自分ひとりで実施していた。おかげで、現在、築三五年の自宅も、まだまだ持ちそうだ。

ペンキの中身は、すでに固まっていて、使用できなかった。

しかし、捨てるに捨てられず、今でも記念に残している。

もう少し早く物件を所有していたら、死んだ親父と一緒にペンキを塗れたと思うと、胸が痛くなった。

まだ、ご両親が健在な読者は、一族で物件のペンキを塗ることをオススメする。

きっと、**家族の結束**が強くなるだろう。

まだ、収益物件を持っていない人は、自宅の一部分でも塗ってみよう。

家やアパートを借りている人でも、大家の許可を得て、塗ってみよう。古い物件であれば、大家も喜ぶと思う。実際、ワタクシも塗装業の入居者から、

「押し入れの内部の壁を塗ってもいいか？」

と聞かれたことがある。

大喜びでＯＫシタ。

## 家賃を回収スル方法

家賃の回収方法を伝授スル。本当は、ここからは、「袋とじ」にしたい。

さて、ひとのいい大家であるワタクシは、今まで、滞納者が入金するという期日まで待って、記帳に行き、入金がなかったら電話を発信スル、という、古典的な戦法だった。

しかし、この方法では効率が悪いと感じた。

何よりも、真冬の北海道にATMまで記帳に行き、入金がなかった日には「吐きそうにナル」。そこで、**最近編み出した戦法**を、読者の皆様に伝える。

二〇〇九年一月現在、一二棟・四一戸を所有しているが、毎月、滞納気味の入居者は、二人から三人だ。三〇名以上の入居者が、期日までに家賃を支払う優良な入居者だ。遅れながらも、毎月、ほぼ一定の日に入金する人は、許容範囲だ。

滞納常習者は、二〜三人。この人々に、仕事を集中スル。

家賃入金期日の「前日」に、**「家賃入金のご案内」**の電話を発信スルことだ。

この戦法で、回収率が劇的にUPシタ。

時として、入居者の愚痴を聞くこともある。何故か、滞納者は世の中に対する不満が多い。家賃回収というよりも、カウンセリングだ。

この不景気に対する不満を、誰かにいいたいのだと思う。

**氷点下一〇度**の真冬の北海道の野外で仕事をしながら、遅れながらも家賃を払ってくれる入居者もいる。ありがたいことだ。

持家を手放さなければいけない理由があり、ワタクシの貸家に入居した家族も何組かいる。財務がタイトな状態から、家賃を支払ってくれる。

株やFXでは体験できない「人生」が、そこにはある。

博多の通称「ゴッド・マザー」に教わった言葉。

**「家賃を遅れて払う人にも、『ありがとう、ありがとう』といって受け取る。『あんた、何で家賃が遅れると?』といってはいけない」**

さて、ここで重要なことは『八〇対二〇の法則』にも書いてあるが、滞納のある入居者のみ、入金の管理をスル、ということだ。管理する人数が減ると、仕事の効率が劇的にUPスル。そうすると、「自主管理」も可能だ。

善良な入居者まで、管理会社に管理してもらう必要はナイ。

## 物件の売却について

ある程度物件が増えて、収支がわかったら、今度は、物件の売却を考えてもいい。

アパート経営を続けるにあたり、時として、現金が必要な場合に遭遇することもあるかもしれない。

不動産は、流動性が低いので、売却に出してから、すぐに売れるとは限らない。

**多くの場合、自分の希望価格では売れないことを知って、嘆くであろう。**

売却を考えてから売却するまでの期間。

早くて三か月。

一年以上も売れない物件は多数ある。

売却を考えた時点で、すぐに不動産屋に行って、査定をしてもらおう。

査定金額に満足できなければ、自分の希望価格で売りに出してもいい。

売却の検討に入る物件は、

・運営が困難。

・入居者のトラブル。
・自宅から遠い。
・収益が悪い。
・すでに、投資金額を回収した。
・ものすごく、いい条件で買いたいという人が現れた場合。

収益物件のいいところは、売りに出してからも、売れるまでは収益が入るところだ。

つまり、希望の価格で売却できなくても、待てるということだ。

売却を急ぐ場合、市場に即した値段を付けると、すぐに売れる。

もちろん、持ち続けることが、一番いいと思うが、常に相場を把握して、頭の中で、売却したときのシミュレーションをしてみるのも面白い。


二〇〇八年一一月一八日。大学時代の友人で、一九八七年から不動産業界で働き、現在は不動産会社を経営している、大日本柳氏（仮名）と電話で話した。

札幌に限っての話かもしれないが、

「不動産、特に収益物件が、さっぱり売れなくなった。バブル崩壊のときの五倍のスピードで、不動産市場が急激に悪化している」

**「銀行が、まったく融資をしなくなった。**収益物件を買いたくてもローンが通らない」

という。

バブル崩壊のころでも、地方に住む人が都心の物件を購入したそうだ。

今回の暴落は、地方にもリアル・タイムで情報が伝わった。

これは、ワタクシなりの分析だが、インターネットと携帯電話の普及により、地方に住んでいても、情報が瞬時に得られる。世界同時株安の直後、銀行自体が持っている紙の資産が含み損で、銀行も大変な時代だ。

不動産の売却を考えている人は、早めに行動したほうがいいと思う。

理由は、今後、もっと売り物件が増えるからだ。売却しないまでも、所有物件の査定をしてもらって、自分の資産を知ることは重要だと思う。

実は、ワタクシも、所有物件のうち数棟を売りに出している。うち、一棟は二〇〇八年一一月に売却シタ。二〇〇八年の春ごろから売りに出していた物件だ。

売却までに、半年以上かかった。次の項では、売却方法を書く。

# 物件を売却スル方法

物件を売却する方法。まずは、所有物件を見極めることだ。売りに出す優先順位を考えよう。

**・自宅から物件までの距離について。**

ワタクシは、北海道の地図を壁に貼り、所有物件所在地に、色付き画びょうでマーキングしている。自宅から遠い、旭川市のアパートと、室蘭市の一戸建を売却することに決めた。旭川は一五〇キロ。室蘭は一二〇キロ離れている。

**・キャピタルゲイン税について。**

この二棟は購入価格が安かったため、短期譲渡で国家に納税する三九％の税金も、比率は高いが絶対値が低い。長期譲渡でも一九％支払う。その差は、二〇ポイントだ。

**・残存価値について。**

まだ見ぬ買い手のため、残存価値を残して物件を売却しよう。次に購入した人も、十分収益が上がるようにする。賃貸中、リフォーム後が望ましい。

**・減価償却について。**

この二棟は、買値も安いので、減価償却のメリットも少ない。

**・売却価格について。**

売却価格は重要だ。余裕がある人は、自分の希望額で売り出すのもいいと思う。高ければ、まったく反応がナイ。しかし、それでも家賃収入があるので、売却のタイミングを待てる。ワタクシの場合、二か月から六か月後に、売却価格を変更スル。数十万円安いだけでも、反応が増える。

**・不動産業者について。**

一社に絞らないほうがいい。数社に売却を依頼。また、今の時代、インターネットに広告を出している会社がいい。

**・今後の維持費について。**

今後、維持費が莫大にかかる物件は、売却の検討に入ったほうがいいかもしれない。汲み取り式から水洗トイレへの改造など、お金がかかる。その分、安く売り出せば、買主も喜ぶ。

**・買った値段よりも、今後。**

購入した価格や、投入したリフォーム代にこだわってはいけない。現在の価値を考え、今後、上がるか、下がるかで考える。つらいかもしれないが、ときには損切りも必要だ。

**・収益力について。**

所有物件のうち、収益力のある物件は、絶対に手放してはいけない。「八〇対二〇の法則」という本には、こう書いてある。

「人間は、収益の上がらない二〇％に八〇％の資金を投入するが、これは**まったく駄目**である。収益をもたらす二〇％のものに、八〇％の資金を投入しなければいけない」

アパートや貸家を何棟か持つと、優等生と劣等生が出てくる。アパート経営しながら、その見極めをする。

**・入居率について。**

アパートを売却する場合は、入居率が高いほうがいい。しかし、戸建を自分で住む人が購入する場合、空いているほうがいい。

# 第7章　豊かな生活を手に入れるまで

## 資金を調達スル方法

ワタクシの「激安中古住宅経営」「激安アパート経営」の方法であれば、三〇〇万円の資金があればはじめられる。逆にいうと、**三〇〇万円の資金を調達できないようであれば、不動産投資はやめたほうがいい**。その後の運営に苦労スル。

三〇〇万円の物件に、いちいち「ローン特約」で申し込んではいられない。売主様に対しても、失礼だ。審査している間に、どこかの金持ちが、二〇〇万円の現金で購入してしまう。

さて、資金の調達方法。

マジメな人であれば、これくらいの貯金は持っていると思う。

少し足りない人でも、親、兄弟から、金利を付けて借りよう。

すぐに返せといわれた場合、一旦、現金で決済して、その後、国金の抵当に入れて資金を借入して、貸してくれた人に返済しよう。

恥ずかしながら、ワタクシも、祖母、母、叔母から、若干の借り入れがアル。

**女に食べさせてもらっているようなものだ**。金利１・５％から２・０％で借りている。

抵当権は付けられていないが、支払いが滞った場合、物件を持っていかれるという**「条約」**を結んでいる。未だ、一度も返済が滞ったことはない。

あなたが、今まで真面目に生きてきたのであれば、身内が助けてくれると思う。

身内も貸してくれないという人。銀行の住宅ローンが組めない場合、フリー・ローンというのがある。

また、これは、あまりおススメできないが、銀行のカード・ローンで借りるという人もいる。ワタクシは、これを**「特攻ローン」**と呼んでいる。絶対にマネをしてはいけない。

但し、いざというときに、この物件がどうしても必要だと思うときだけ、利用したほうがいい。金利の高いローンは、

・一時的に。
・限定的に。
・できるだけ少額で。
・できるだけ短期で返済。

を、心がけるべきだ。

## 派遣社員について

二〇〇九年一月、TVでは、派遣社員のリストラを、連日、放送している。

毎日、真面目に働いていた人々の仕事が突然、なくなる。

ニュースを見ていて、胸が痛む。

確かに、企業側にも責任があるかもしれない。

しかし、『ボロ物件でも高利回り　激安アパート経営』（ダイヤモンド社）、『借金ナシではじめる　激安アパート経営』（ぱる出版）の二冊でも書いたが、

**「国家と会社に依存する時代は終わった」**。


ここ数年で、産業構造が、急激に変化シタ。

歴史をひもといてみると、こういった産業構造の転換は、何度もあった。

例えば、石炭産業。北海道や九州では、一九八〇年頃まで、炭鉱が大きな産業だった。

破綻した夕張市も、元々は炭鉱の街だった。

例えば、アメリカ合衆国。農業の機械化により、仕事がなくなった南部の黒人は、デトロイトの自動車産業で働いた。時代の移り変わりと共に、産業も変化スル。自分で考え、乗り越えていかなければならない。

つとめ人時代に思ったことがある。

社内で、自分の将来に対する危機感を持っている人は、極めてマレだった。

**「黙って、上司の指示に従っていればいい」**

という人もいた。

親しい同僚数人に、アパートを持っている話をしたが、誰も興味を示さなかった。

ワタクシ、二〇〇六年一月、札幌支店が閉鎖になったときに、アパート四棟、一戸建を二戸所有していた。

つとめ人時代に、できるだけ**勤労所得を収益不動産に換えていた**。

つとめ人を卒業した後も、家賃収入で生活することができた。

会社に残った同僚たちは、今でも、安い給料で過酷な「労働力投入」（商標登録申請予定）を強いられている。

## 株とＦＸと不動産

二〇〇八年、原稿を書くために、自分の資金を投入して、株とＦＸもチャレンジしてみた。結果は、散々なものだった。

株では三八万円の負け。ＦＸでは、五〇万円くらい負けた。

それでも、二〇〇八年一〇月の「世界同時株安」で、紙の資産を減らした人に比べたら、まだ被害が少なかった。

知人で、ＦＸで三〇〇〇万円損失を出した人。

また、株で一五〇〇万円を五〇〇万円に減らした人もいた。

おふたりとも、長期保有で下落した外貨と株を持ち続けていた人だ。

いずれ、回復するものと信じ、損切りできなかったようだ。

株とＦＸは、どちらかというと、**パチンコやパチスロ、競馬に似ている**と思う。特に株は、専門家の先生のコメントを読むと、競馬の予想に似ているような気がする。

ワタクシも、不動産のＣＡＳＨＦＬＯＷを、紙の資産に投入して、さらに増やそうと思ったが、なかなか、上手くいかない。

株のデイトレードで、一日七万円勝った翌々日に、一三万円負けて、吐きそうになったこともアル。

ファンドを運営している人は

**「長期保有、長期保有」**

というが、株価や投資信託が下がったときのアドバイスはしていない。

顧客に長期保有させたほうが、ファンドの運営者にとっては、長期にわたり手数料が入るためではないか？

ワタクシの個人的な意見であるが、紙の資産は長く保有していると、下がる可能性もアル。紙の資産が増えたら、できるだけ早い段階で、優良な収益物件を購入したほうがいいと思う。

洗練された投資家の吉川英一先生は、低位株で二七万円を七〇〇〇万円まで増やし、その資金で中古アパートを買い、新築のアパートの建設をしている。

紙の資産は安定しないからだという。

ＦＸの場合、低レバレッジで長期保有よりも、レバレッジ一〇〇倍で、短期トレードをしたほうが、どう考えても、**潔い**。

ＦＸで三〇〇〇万円の損失を出した人は、レバレッジ二倍から三倍で、スワップ狙いの戦法だったという。

レバレッジが低いと、相場が暴落しても、案外、耐えられるので、損切りが遅くなるようだ。

レバレッジ一〇〇倍のほうが、反対方向に向いたら、瞬時にロスカットになるので、ある意味、わかりやすい。

株もＦＸも、大きく勝とうと思ったら、二〇〇〇万円くらいの資金は必要だ。

しかし、よくよく考えてみたら、今まで、二〇〇〇万円以下の中古物件を五棟購入している。結局、「激安アパート経営」が、ワタクシにとっては一番よかったのだ。

物件探しから購入、リフォーム、客付けと、やや面倒な作業があるが、入居者が決まってしまえば、後は比較的楽だ。

**不動産のいいところは、投資でありながら、実需があるということだ**。

これは、金、銀、プラチナ、原油にも当てはまるが、これらは、所有している間には収益が入らない。

購入価格よりも高く売れたときのみ、利益が発生スル。

不動産だと、毎月家賃が入ってくる。

その上、数年経っても、急激に物件の価値は落ちない。

逆に、値上がりする場合もある。

また、リフォームすれば、資産価値も上がる。

ポンド紙幣や株券にペンキを塗っても、価値は上がらない。むしろ、**嫌がられる**。

不動産の流動性は低い。しかし、逆にいうと、**売り主様との交渉ができる**。

これは、営業力のある人間にとっては、ありがたいことだ。

少し資金を減らしたが、紙の資産の考えも、不動産に応用できた。

それは、購入したときの価格で考えるのではなく、現在の価値から上がるか、下がるかを考えるということだ。

結局、ワタクシにとって一番いい方法は、不動産を買って、本の原稿を書くことだと思った。

## 本の読み方

ワタクシは、一か月に五万円から一五万円分の書籍を買う。読む速度も速いほうなので、購入した本は、ほとんど読んでいる。不動産関係の本だけではなく、ビジネス書を多読するのも大切だ。

また、雑誌は、書籍に比べて、情報が活字になる速度が速いので、世界同時株安以降は、経済系の週刊誌もよく読んでいる。

ここで、書店で失敗しない本の選び方を書く。

・新刊と不動産関連、ビジネス書の書籍の棚を、必ずチェックする。
・タイトルが目についたら、まず、手に取る。
・目次を見る。
・目次から面白そうな項目を選び、その部分を読む。
・読んだ部分が興味深い内容で、家でゆっくり読みたいと思ったとき、購入。

・迷ったら、著者プロフィール、前書き、後書きを読んでみる。
・あるいは、**少しでも今の自分に役立つ**文章が載っていれば購入スル。

※購入後の本の読み方
・目次で目星をつけ、面白い部分から読む。
・その後、最初から読む。
・赤ボールペン、赤鉛筆で、重要な部分は線を引く。
・ペンがないときは、折り曲げておく。
・二度目に読むときは、線を引いた部分から読む。
・途中、この本は**クダラナイ**と感じたら、すぐに次の本を読む。
・不必要な部分まで、すべて読む必要はない。
・クルマに本を何冊も積んでおく。
・空き時間、喫茶店、そば屋、人と待ち合わせをしているときなど、ありとあらゆる隙間の時間に読む。
・いい本であれば、随筆（ブログ）に、要点と自分の感想を書く。備忘録にもなる。

かつて、浦田健先生が北海道に取材に来たとき、ワタクシの持っていた本、『金持ち父さんの　若くして豊かに引退する方法』を見て驚いていた。

**「ボロボロになるまで、読んでいますね」**

ワタクシの本は、重要な部分に赤線が引かれ、何度も読み返しているので、紙がシワシワになっていたり、すり切れたりしている。

また、読んだときの自分の考えを、直接本に書いている。**高校生や予備校生の教科書のような使い方**をしている。

二〇〇三年夏、コワイおじさんが経営する小樽市の海の家で、日光浴を実施しながら、むさぼるように何度も読んだ。

その直後からアパートを探しはじめ、一年間で八〇棟くらい、現地まで物件調査に行った。

一年間で四棟の物件に買付を入れたが、**玉砕**。

その間、さらにほかの本も読んだ。そして、貯金もした。

五回目に買付を入れた物件を、ようやく、購入することができた。

しかし、勉強した甲斐もあり、一棟目で利回り三〇％を超える物件を購入することができた。

定価二二〇〇円の本で、今では一四棟購入できた。うち一棟は売却済だ。

三八歳のときに、この本に巡り会った。

この本に、当時書いた目標がある。

「四五歳で、つとめ人を引退スル」

実際には、五年早く、**四〇歳で引退**できた。

しかし、誤算もあった。

計画では、引退スルまでに、一億五〇〇〇万円ほどの借金が必要だったが、その必要はなかった。現在の金融機関からの借入残高は、二六〇〇万円前後だ。

これは、うれしい誤算だった。ワタクシの**人生を変えた本**だ。

## 小樽市で二〇〇万円の一戸建を購入

二〇〇九年二月、以前から「買ってくれないか？」と頼まれていた物件を譲っていただけることになった。売買に至るまで、三年ほど時間がかかった。

思い起こせば、二〇〇六年の三月頃、ワタクシは小樽市で購入した五五万円の一戸建の塀を塗っていた。そのとき、隣人の「低橋さん」（仮名）が手伝ってくれた。六〇代の女性だ。ペンキの塗り方も、早くて上手だった。

お礼をいい、アルバイト代を支払おうとしたが、受け取ってくれなかった。

それから数か月後の二〇〇六年夏。低橋さんから携帯に着信アリ。

地元・小樽ナマリの早口でこういった。

**「オラの友達で、近所で家を売りたいっていう人がいるんだけど、カトちゃん、買ワネカ？」**

訊けば、二〇〇万円前後だという。連絡先を聞き、売主様に直接連絡をした。

数日後、物件を見に行くことになった。小樽市の五五万円の家から、徒歩二分だ。

現場に着いて驚いた。

想像よりいい家だった。ほぼ総二階で、外壁はオレンジ色の金属サイディング。一九七〇年頃の建築だが、よく手入れされている。元々は、料亭として使用していた物件だった。その名残か、玄関のコンクリートには、黒い石が散りばめられていた。階段の手すりも、竹でできている。二階の廊下は、無垢の板が張られている。色が少しハゲているが、「油性透明ツヤ有りニス」を塗れば、低予算で修復可能だ。

屋根の塗装が必要だが、一〇万円以内で収まる。室内は繊維壁が多いが、珪藻土を塗るか、壁紙を張ればいい。二〇万円以下でできると思った。残地物の撤収と美装とニス塗りで一〇万円。リフォーム代は、最大でも一〇〇万円。できれば、五〇万円以内に抑えたい。

すぐにでも購入したいと思ったが、売主の「アオシマ様」（仮名）の用意してくれたコーヒーを飲みながら談話。正座をして、一時間半くらい話す。

アオシマ様も、難病を患っている。

「できるだけ早く売却したいのだが、公団住宅に当選するまで、待ってほしい」という。

どうやら、公団住宅は、持ち家（資産）があると入居できないらしい。

あるいは、入居する前に、持ち家の売却先が決定していなければいけない。

そこで、資金とスケジュールに余裕のある売却先を早めに決めたかったそうだ。

しかし、世間体もあり、近所の人々には、売却の計画を知られたくない。

そして、物件から五五キロ離れた場所に住んでいるワタクシに、伍橋さんを通じて打診をしたそうだ。結局、購入する約束をしたが、アオシマ様が抽選に当たり、公団に入居できるまで待つことになった。

しかし、ここからが長かった。

時々、電話を発信シテ、公団の抽選の結果を聞いたが、いつもハズレていた。

その間に、他の物件を五棟購入して、一棟売却シタ。

すっかり忘れかけていた二〇〇八年一〇月、アオシマ様より着信アリ。公団の抽選に当選したという。さっそく、司法書士のキクチ先生に電話を発信。売買の手続きに入った。

しかし、数日後、キクチ先生から着信アリ。

「実はあの物件、登記ができない」という。

理由を訊くと、土地・建物がご主人様の名義になっている。

そして、そのご主人様が現在入院中で、売買の意思表示ができないようだ。

その話は聞いていなかった。

キクチ先生によると、裁判所が後見人を認定してからでないと、登記は無理なようだ。

残念だったが、転進シタ。

ところが、二〇〇九年一月、後見人となったアオシマ様のお嬢様から着信アリ。

「裁判所が、売却を許可した」という。

現在は、登記に向けて、キクチ先生が手続きをしてくれている。

このように、仲介業者を通さなくても、売り物件情報がやってくる。また、物件の登記ができないときでも、一つひとつ問題を解決していけば、道は開ける。

今回のような不動産独特の制度がある場合、従ったほうがいい。理由は、制度に従わなければ、**莫大なエネルギー**を要するからだ。

この物件、夏季は駐車二台可能だ。裏の庭に砕石を敷いて改造すれば、駐車三台可能だ。（通称・３Ｐ）。

想定家賃は六万円から七万五〇〇〇円。表面利回りは三六％から四五％になる。

購入後、家の状態と近隣の相場を考え、募集家賃を設定したい。

今回、三年近く待ったが、その間、他の物件からの収益が貯まった。

この小樽の**可愛い一戸建**。所有している会社の名義で購入しようと思っている。

この物件、購入九日目に六万八〇〇〇円で入居者が決まった。

# 売りに出された正面の土地

**自宅前の土地**が売りに出された。八七坪で、三四〇万円だ。

バブルのころは、一〇万円／坪だった。

すぐに購入しようと思ったが、母とCASHFLOW202（妹）に大反対された。

肉親の反対を押し切り、買付を入れた。**やや「鬼のような指値」**（商標登録申請予定）で、

二〇〇八年一二月八日、仲介不動産業者宛てに、深夜にFAX送信シタ。

買付用紙に、二〇〇万円と書き、別紙に、二〇〇万円の理由を書いた。

白樺の木が一〇本以上も生えていて、花粉が出るとか、土地の奥が二メートルの高さがあり、日当たりが悪いとか、そのため建築する場合、高い基礎が必要なので、建設費が高くなるなど、色々書いた。翌日、仲介不動産業者に電話を発信。**見事、玉砕だ。**

売主様は、三一〇万円以下では売れないという。しかし、すぐには売れそうもない土地だ、しばらくは**「放置プレイ」**（商標登録申請予定）を実施することにした。

これから雪が積もって、さらに売買の動きが鈍くなると、勝手に思っている。

## これから、不動産を買う人へのメッセージ

現在、不動産を探している人へのメッセージ。

まず、自分の不動産投資スタイルを確立することだ。

茶道や生け花と同じように、自分に合う「流派」がある。

そのために、色々な本を読み、CDを聴き、セミナーに出席スル。

知識を得ながら、貯金をスル。貯金をしながら、資金調達方法を考える。そして、機械的に物件を探す。

いい物件に巡り合うには、この**単調な作業を、繰り返す**だけだ。

最初の一棟目は、できるだけCASHで買うことをおススメする。

家族が協力して資金をかき集めてでも、一旦、**現金で決済**する。

もし、すぐに返済しろといわれたら、その無担保の物件を、抵当に入れて融資を受け、家族に返済すればいい。国金だと金利も安い。

現金で購入した物件のいいところは、うまく稼働しているときには、家賃の約九割が手

元に残る。

火災保険も月払いだ。**ありがたいことだ**。

経営的に考えると、損益分岐点はできるだけ低いほうがいい。

金銭的構造も極めて単純なので、暗算しやすい。

また、現金で買った物件は、決済時に支払ったお金が、

**「もう、無かったもの」**


として考えると、受け取った家賃は、すべて自分のもののような気持ちになる。

激安の一戸建は、固定資産税が極端に安いこともある。

二〇万円で購入した一戸建の固定資産税は、年間八〇〇〇円だった。

悔しいので、四期分を一括で支払った。

毎月三万七〇〇〇万円で一年間貸した。購入から二年後、一二〇万円で売却。

ワタクシの本の読者で、買値も知っての上でのことだ。内山田さん（仮名）という紳士だった。

「鬼のような指値」（商標登録申請予定）も入ったが、お互い、**ニヤリ**と笑って、この金額で合意した。

# 第8章

# 全国の洗練された不動産投資家が書く激安投資実践手記

## ●黄金ガールの女ひとり不動産細腕繁盛記

東京都在住　黄金ガール

これは、難病で寝たきりの夫と四歳の幼い娘をかかえた主婦が、家賃月収九三万円の大家になるまでの赤裸々な物語でアル。

イヤー、いきなり重たい出だしで、どーも、すみません♪　この本を読んでおられる方は、きっといろんな夢を持って勉強していらっしゃると思いますが、ワタクシの場合はズバリ！　**生活のため、食べていくため**でした。

ハンドルネームの黄金ガールは、この本の著者であり、個人的な勉強会の、図面舞踏会の総統、加藤先生に命名していただきました。

今回、夫のことを書くべきかどうか、かなり悩みましたが、ワタクシの不動産投資を語るには、その動機としての必要性を強く感じて書くことにしました。

ワタクシたち夫婦は、ヨーロッパから弦楽器、主にバイオリンを輸入して楽器商に卸す会社を運営しておりました。ワタクシは、事務所を兼ねた自宅で事務を担当、夫婦だけのパパママ事業です。こつこつ真面目に働いてきたので、自宅はローン完済、少しは貯えもありました。

そんなある日、夫が帰宅するなり、変なことをいうのです。

「今日、危うく自動車に轢かれるとこだったよ！　僕はまっすぐに歩いてるつもりなんだけど、体がどうやっても車道に向かうんだ」

ビール好きのワタクシなら酔ってカニ歩きもしますが、夫はまったくの下戸、一滴も飲めません。夕食のときに観察していると、お茶碗を持つ手が、かすかに震えています。心配なので、時間を作って病院へ行き、そのまま検査入院となりました。

結果は、今まで聞いたこともない大変な病気でした。


**「脊髄小脳変性症」**


進行性で、いずれ寝たきり、人口呼吸器、胃ロウ等になります。二〇〇五年にドラマ化された「１リットルの涙」でご存じの方もいらっしゃるかも知れません。この病に侵された少女が二五歳で息を引き取るまでの闘病日記を元にしたドラマで、少女役を沢尻エリカさんが演じていました。

約一か月の検査入院を終えて家に戻ってきた夫は、もう車イスの人でした。進行が驚くほど早かったのです！　原因もわからない、治療法もない難病で、病院にいる必要もなく、この日から、長い自宅療養が始まりました。

会社も閉じ、いきなりの無収入生活に突入です！　**とても不安で、たまりませんでした**

**…**。（遠い目をする）幸い貯えが少しあったので、すぐに生活苦とはなりませんでしたが、今後のことを考えて新聞配達の仕事をはじめました。

夫は要介護度5、身体障害者手帳1級と認定され、障害年金がもらえるようになりました。これで新聞配達の八万円、プラス年金で、何とか食べて行くことはできます。でも、それだけの人生じゃツマラナイ！　まだまだ、子供の教育費もかかります。

この頃、ロバートキヨサキの『金持ち父さん・貧乏父さん』を読んで、ワタクシにもできないだろうか？　と真剣に考えるようになりました。

こんな素人の、主婦のワタクシが、いきなり物件を買って、大家をやりたい、と言い出したので、夫は猛反対でした。でも「この道しかナイ」と必死で説得し、意を決して、古い付き合いの会計士の先生を訪ね、相談に乗ってもらいました。

この行動は、正解でした。会計士の先生は、できなくはナイと、おっしゃったのです。

そして、先生の顧問先で、相続問題で揉めて裁判になっていた物件が、諸事情がクリアになり、運よく任意売却物件として、相場よりも安く買えたのです♪

物件は、埼玉県川口市のワンルームマンション一棟。築一五年、RC、ワンルーム×一〇戸、店舗×一戸。フルローンで四〇〇〇万円、りそな銀行で借りました。毎月五五万円の家賃収入、利回り一六・五％。ローン返済は、月額二六万円也。

ローンを払った残りの二九万円は、できる限り貯金しました。毎月順調に家賃が入り、すっかり不動産の魅力に取りつかれてしまいました。専業主婦として暮らしながら、旦那様の代わりに物件がお給料をくれるようなものです。

それからもっと不動産の勉強をしたくて、不動産本を読みあさりました。会計士の先生とも、次の物件取得について話し合いました。先生は、せっかくメガバンクデビューできたのだから、今後もローンを上手に借りていく方針で行こうとおっしゃいます。

不動産投資に巨額な借金はつきもの、キチンと計画したものならイイ借金なので問題ない！と、会計士の先生のおっしゃることはわかりますが、できれば借金はもうしたくありませんでした。

そんなとき、加藤ひろゆき先生の処女作『ボロ物件でも高利回り　激安アパート経営』（ダイヤモンド社）に出会ったのです。いろんな本を読んでいましたが、どれも、ワタクシが希望するスタイルと違うとは感じていたのです。加藤先生のスタイルなら、若い人でも、そんなに資金のない人も、頑張れば、無理なく不動産投資ができます。

他の方の本を否定しているのではありません。良いとか悪いとかではなく、人それぞれ、資金も背景（属性）も違います。ある人にできても、ある人には向かない投資法もあるということです。

ワタクシの実施している不動産投資法は、加藤さんの二冊の本に書かれているやり方を、そっくり真似て行なっているだけです。ワタクシには、これといったテクニックはございません。**（キッパリ！）**なので、あえて割愛させて戴きます。**アイムソーリー**。

横浜のボロアパートを購入の際には、買付証明書まで、本の写真にあるとおり、「そのまんま」書き写して売り主様に提出しました。この言葉です。

**「もし、あの物件を譲っていただけるのであれば、末永く保有し続けたいと思っております。よろしく、お願い致します」**

自分でもチョットはひねりを利かせろ、と思うほどのテイタラク。すべてを真似っこの、模倣犯です！（ニヤリ）後日、加藤先生に、**「自分の言葉で書くように」**とキビシク指導されました。（笑）直近で決済した中古一戸建も、本に書かれているように、インターネットで探した業者さんの紹介で購入しました。

ワタクシの親たちの世代は、会社で真面目に働いていれば、終身雇用が保証されて、年功序列で給料も上がり、それなりに出世、定年、退職金をもらってのんびり年金暮らしも可能でした。しかし今、私たちのおかれている立場は、非常にキビシイのであります。

おどすわけではありませんが、ワタクシも以前は、ノーテンキな主婦でした。それがある日突然、それまでの暮らしが崩壊する危機に見舞われたのです。**人生は、予想外のことで満ちています**。

いろんな投資がありますが、不動産投資は、頑張って「種銭」を作れば、誰でも参入できて、情熱と創意工夫で、物件価値を上げられます。女性にも楽しみながら運営できる、安全な投資だと思います。

**何かが起きても、経済的に自由であれば、問題の七割は解決できるそうです！**（本に書いてありました）実際にこんなハンデを持ったワタクシも、大家になれたのです。あなたにも、きっとできますから、頑張ってください！

あなたの成功を、願っています。

**ブログ「黄金ガールのなんてったって不動産が好き！」**

**→http://plaza.rakuten.co.jp/realgoldgirl/**

## ●関東で二三〇万円の戸建を購入

千葉県在住　夏野ひまわり・主婦（年齢非公開）

私の人生観を大きく変えたのが、ロバート・キヨサキ氏の『金持ち父さん貧乏父さん』との出会いでした。この本を読んで、資産を運用するという考え方を知ったのです。「お金はただ貯金するだけじゃだめなんだ！」という事実を知り、まさに人生観が変わりました。この本と出会ったことで、投資の世界に興味を持つようになりました。

その後、不動産投資をスタートさせ、区分マンションのファミリータイプにターゲットを絞って、一年で三件ほど購入しました。三件の物件を通して不動産投資の一連の流れをつかみ、その楽しさに夢中になっていました。

そんなとき、加藤ひろゆき氏の著作に出会いました。「こんな投資手法もあったのか！」と衝撃を受け、関東でもこの手法が通用するのか、挑戦してみることに。

関東で戸建を探していらっしゃる方なら感じたことがあるかと思いますが、**関東においてボーダーラインとなるのは、五〇〇万円という価格ではないでしょうか。五〇〇万円以上になると、戸建物件は「まとも」な確率がたいへん高くなります。逆にいうと、**

**五〇〇万円以下で探そうとすると、とたんに「まとも」な物件が激減します。強烈な物件も多数見学**した後、手に負えそうな物件には積極的に買付を入れていきました。最終的に、買付申込を入れた物件は七件。そのうち六件は却下。

ようやく一件購入までたどり着いたときの喜びは、相当なものでした。

振り返ってみると、戸建物件の調査を始めてからおよそ五か月が経っていました。

購入した戸建は、千葉県市原市の物件。

**四〇〇万円で売りに出ていたところ、二〇〇万円で買付を入れ、やや押し戻されて、二三〇万円で交渉成立。サイズとしては、七六平米、４ＤＫ、二階建て、築二四年の戸建です。この価格帯にしては驚くほどまともでした。数年前に外壁も塗り直しているとのこと。おかげで購入後、リフォーム費用はトータル一〇万円で済みました。**

このような良い物件が激安に購入できた理由としては、物件が長いこと売れ残っていたこと、売主様がすでに新居を構えており、こちらの物件に気持ちの区切りがついていたことなどが幸いしたのだと思います。

しかも、四三％引きという**「鬼のような指値」**で購入させていただいたにも関わらず、契約日には売主様より「この物件を購入してくれて感謝している」と素敵なプレゼントまでいただき、我々夫婦は眼を白黒させてしまいました。

後日、こちらからもプレゼントをお返しさせていただき、素敵な物件を購入させていただき感謝していること、大切に使わせていただく旨をお伝えし、ご挨拶させていただきました。これまでに購入したどの物件よりも、印象深いエピソードです。

購入後、物件の客付けにはかなり苦戦しました。この物件の購入後、**私の妊娠が判明**。物件へ頻繁に通えなくなったのも、大きなダメージとなりました。

何とか遠隔操作で入居者をつけようと、市内・周辺駅のすべての業者に入居者紹介依頼FAXを送信、謝礼も約束して、強力プッシュ作戦！　など実行してみましたが、なかなか成果が出ず。

結局現地へ出向き、物件に入居者募集ポスターを貼る、近隣物件へポスティングなど、それまでやったことがなかった方法も試行錯誤してみました。

時間の経過と共に、客付けをお願いしている業者さんにも、再度挨拶まわりをするようになり、なかなか入居者が決まらない原因をリサーチ。業者さんからは「戸建はあまり人気がないので…」「今年は人の動きが悪くて」などの回答ばかり。

「家賃を下げたら決まりますか?」と提案しても「下げれば決まるということもない。」とりあえず、もう少し様子を見てはいかがですか?」という回答でした。

どうしたものかと弱り果てていたところ、ふと駅前にある一件の不動産屋にはまだ挨拶に行っていなかったことに気付きました。

この不動産屋は閉店時間が早く、それゆえいつも挨拶をしそびれていました。

とりあえず依頼業者を増やしてみようと、この不動産屋を訪問。するとこれが大正解。

**「戸建賃貸は人気で、物件が不足気味なくらいなんですよ。もっと早くにうちに来てくだされば、お客さんを紹介しましたのに」**とのこと。

その言葉に嘘はなく、すぐに数人の入居希望者を案内してくださり、その数日後には入居申込をＦＡＸしてくれました。

やる気のある業者さんに出会うと、こうも違うのかと仰天。ポイントは、戸建に強い業者、戸建賃貸に積極的な業者を探すことだったようです。

こちらの物件は、最終的に法人契約となりました。近隣の工業地帯にお勤めの、日系ブラジル人一家が借りてくださることに。**家賃は七万円。利回り三七％**です。

大家業は自営業であり、自由業。妊婦になっても、小さい子供を抱えても、続けていくのは、それほど難しいことではありません。自分や子供の体調に合わせて仕事の時間や量を調整できますし、体力がついていかない部分は、アウトソーシングすればＯＫなのです。
不動産投資は、女性にとって素晴らしい投資であると思います。

**また会社勤めをしていると、どうしてもマイナスに捉えられがちな結婚・妊娠・出産が、大家業をしていく上では、逆にプラスになってくるのです。結婚すれば、既婚女性の気持ちがわかるようになりますし、妊娠すれば、妊婦の気持ちがわかるようになります。そうなると「もしや不動産投資って人生の経験値が上がるほど、おもしろくなってくる投資ではないか？」ということに気付き、ちょっと感動しています。**

不動産投資に出会ったことで、人生がより豊かになっていくのを感じます。今後も目標に向かって、家族で楽しみながら続けていきたいと思っています。

ブログ「ゼロから始める！-夫婦で不動産投資！-ママになっても不動産投資！」
→ http://plaza.rakuten.co.jp/sunflower11104/

## ●道央ローカル地区に一〇か月で四棟購入（抵当権ナシ）

北海道在住　ヴィンセント250sp

なぜオレが10か月間に4棟買えたのか？　今回の執筆にあたり、自分で自分を分析シタ。前々から収益不動産を所有してみたいと、なんとなく夢見ていた。けれども特に勉強するワケでもなく、なんら取り組みもしないで、「買えるはずもナイ」と思うに留まっていた…。しかし！　何気なく購入した、加藤ひろゆき先生の処女作『ボロ物件でも高利回り激安アパート経営』に出会う。

可能姉妹？　労働力投入？　八気筒？　この物件がこんな値段で？　**ブっとんだ**。激安で高利回りな取引が現実に存在スルと認識。同時に取引の実行事例が具体的かつ、おもしろおかしく描かれており、勉強嫌いなオレでもすんなり理解できた。マネしてやればオレも収益物件を所有できると、**信じて疑わなかった**。

本を読んで刺激されたオレは、スグに行動に移した。とりあえず物件探しと、書籍やCDでの勉強から開始した。**モジモジ考えていたら結局やらないで終わると判断した**のだ。衝撃を受けてヤル気になったら、サッサとやるべきだ。

**ややローカルな地域に住んでいたことが、有利に働いた。現金買いとなると、都市部の物件は相対価格が大きい。ライバルも多いだろう。逆に極端な田舎は売物件が少ない。ほどほどな田舎、ほどほどな街がイイ。**

**不動産投資は、人の多い都会でするものだとばかり思っていたが、地元にネタが転がっていたのだ。**不動産の地産地消だ。小さいロットを自主管理する点についても、適した地域に身を置いていると感じる。

オレは自営業者で毎日忙しく、まともな休日は無いに等しい。ただ、時間の調整はある程度できる。物件の購入、再生、管理において平日の昼間でも行動可能だ。

行動開始して1か月ほどだった。ネットで発見した「1DK四気筒、築19年、価格650万円」。表面利回りは約22%。電話で確認したところ、現状三部屋が空室だった。吹雪の中、現地を確認した。雑木が生い茂っており、階段はサビ、空き部屋は汚れ、換気口は小鳥たちに占有されていた。手入れの悪さから、売り主のヤル気の無さがハッキリと現れていた。だが手を入れてやれば化けるように思った。まさしく「CF101コーポKi」（注・加藤氏の一棟目の物件）と影が重なったのダ。

**そこでオレは、電話で仲介業者に350万円で買いたいと、鬼のような指値を入れる。**

**売り主に４５０万円に押し戻されたが、中をとって４００万円で押し返した。結果４３０万円の返答をもらう。物件探しを開始して、二本目の買い付けである。**

その金額でイイの？　こんなに早く決めちゃってイイの？　もっと多くの物件を見るべきでは？　弱気の虫がオレの頭上をブンブン飛び回る。しかし、「確率、何百分の一のアタリを二本目で引き当てることもありうる」と考え、契約を決断シタ。

晴れて自己の所有となり、まず募集看板を設置。室内の清掃に着手する、木も切り倒し、**家賃を払わない小鳥たちには強制退去願った。**

除雪作業も中古の除雪機を5万円で購入し、自力で管理シタ。**しかし雪解けと共に、洗濯機・自転車・わけのわからないゴミがアパート側壁から出現。**最初の現地調査時には雪で埋もれてわからなかった…。

「ヤラレタ」と思ったが自力で撤去シタ。

今、振り返ってみると、よく物件へ足を運んでいた。しんどいとは感じなかった。とにかく物件を所有できて嬉しかったのダ。

結局、美装屋さんにも二室、掃除してもらったが、決済から約3か月後の3月末には満室にできた。（現在表面利回り33・48％）

その記念に、傷んでいた屋根と階段の塗装をペンキ屋さんに依頼シタ。

新築や築浅の大型物件を取得し、管理会社に管理させるような方法と比較すると、ロットの小さいボロ系物件を回していくのはスマートな投資ではない。効率も悪いだろう。

**しかし、投資と考えると効率は悪いかもしれないが、仕事と考えれば効率は良い。**

通常の仕事に比べれば物件にかける時間なんて、たかがシレテイル。それに冒険ができる。小資本で始めるから、少しくらい失敗しても、また旅に出ることができる。

泣いたり笑ったり、悪党を倒したり困っている人を助けたり、淡々とした日常では味わえないシゲキがある。

不動産投資を始めて、一年が過ぎようとしている。実際しんどいことも多いが、一年前と現在を比較すると格段に楽しい日々を過ごしている。加藤ひろゆき先生はじめ、不動産で知り合った皆様方に感謝する。

ブログ「インベスターエチケット／不動産投資するセルフ従業員、投資家マナー研究中」

→http://plaza.rakuten.co.jp/Vincent250sp/

## ●激安中古戸建を購入し、激安でリフォームする方法

神奈川県在住　ｊｍ４８２２２こと松田ジュン

私は今年三八〇万円の戸建を購入しました。（評価額六五〇万円）場所は埼玉県北葛飾郡栗橋町で、ＪＲ駅徒歩二三分です。平成元年築で、駐車スペース二台付きです。約四〇万円をかけ、内装をフルリフォームしました。リフォームはセルフリフォームで、畳の表替え、エアコンの取り付け以外はすべて自分でやりました。今回は物件の購入方法、リフォームを安くやる方法を書きたいと思います。

まずは物件の探し方。私は主にインターネットを使い、物件を探しています。

主に使うサイトは、「Yahoo! 不動産」「不動産ジャパン」「HOME'S」です。それぞれ特徴があります。「ヤフー不動産」はレインズとほぼ同タイムに新しい情報を見ることができます。「不動産ジャパン」は専任で売りに出しているケースが多く、売りに出している不動産屋さんが元付けの確率が高く、価格交渉に有利です。「HOME'S」は自分の条件を指定しておくと、条件の物件が登録された瞬間にメールで知らせてくれる機能がついています。主にこの三つのサイトを使い、物件を見つけ出しています。

サイトでは、中古一戸建のカテゴリーと、売り土地の二つの分類から探しています。ここでの売り土地は土地を買うのではなく、売り土地の部分に古い家が残っている、いわゆる「古家あり」がキーワードになります。更地売りの土地に比べ、家が建っていて解体費用が必要ということで、土地値よりも安く売っていたりします。

中古戸建の検索では、まず地域を指定します。私は主に埼玉県で検索をかけています。

埼玉県に絞っている理由は、まず、物件数が多いので安いものも出やすいこと。都心に近いので賃料がそこそこもらえること。二〇坪に満たない小さな物件が多いこと。

また、日本の建物に対する評価は古くなるとほとんど〇になるので、土地の価格で安く購入できること。しかし賃料は高いままです。

サイトをチェックしバランスをみて、良いと思ったら実際に見に行くようにしています。

次に現地調査です。

**良いと思った物件を見に行ったときに調査するポイントとして、まず避けたいものは、雨漏り、傾き、地盤沈下、シロアリです。雨漏りが放置されている物件は、往々にしてシロアリに食われています。以上は直すのにお金がかかり、投資的に成り立ちません。**

次に見るポイントは水周りです。中古戸建でリフォームされていれば良いのですが、私たちが買う安い戸建はリフォームしていないのが当たり前です。そこで一番リフォームにお金がかかります。まずは、水周りの状態を確認します。

**お風呂、キッチン、トイレ**。以上の三つにお金があまりかからないようですと最高です。

内装のリフォームは後ほど書きますが、あまりお金はかかりません。古い家でも、時々水周りを売主のほうでリフォームをしていて、きれいな物件もあります。

このように見なければ、わからないお宝の物件も隠れているので現地調査は大切です。

次に指値のポイントを書きたいと思います。

まず私が最近購入した物件を紹介しておきます。

・神奈川県横須賀市、古アパート。価格三五〇万円を一五〇万円で購入。

・埼玉県熊谷市箱田。価格四五〇万円を二五〇万円で購入。

・埼玉県北葛飾郡栗橋町。価格四三〇万円を三八〇万円で購入。

指値が通るポイントは、**売り急いでいる売主から買う、逆にぜんぜん売れなくて困っている人から買う**などです。古い戸建の場合、**現金ですぐに決済できること**をアピールすれば指値が非常に通りやすくなります。

またじっくり時限的に攻める方法もあります。埼玉県熊谷市の物件は、指値が通るのに半年かかりました。現地調査をしてリフォーム費用などを考え、自分が買える金額を計算して買い付け証明を出しておきました。そのときはとても二五〇万円では売れないということでしたが、結局半年経っても売れないので、私に連絡が来ました。

ここでのポイントは、買い付け証明書を出していたから連絡先がわかり、購入のチャンスがめぐってきたということです。買い付け証明書を出すのはタダなので、買いたいものであれば必ず出しましょう。

最後にリフォームについてです。せっかく安く購入しても、リフォーム費用に高い金額がかかれば利回りは低くなってしまいます。特に水周りの確認が大切です。

お金に余裕があれば良いのですが、お金のない人でも**根性でやりぬく**方法として、自分でリフォームをする方法もあります。通常のリフォーム業者にお願いする金額の五分の一から一〇分の一の価格でできてしまいます。私の場合は安くできる他に、部屋のコンセプトを考えてするリフォーム自体が楽しめるので、自分でやっています。

材料の調達はホームセンターを利用しています。ホームセンターは大型店がお勧めで一戸建が建てられるくらいの品揃えがあります。

ホームセンターを活用した場合のリフォーム費用の一例は、六畳の部屋で、

**・壁に壁紙を貼った場合（白い壁紙）**

三〇m使用。九一cm幅の壁紙は一mあたり一七〇円。糊付け代が一mあたり六〇円。（糊付けは自分でやると大変で時間もかかるので付けてもらいましょう）

（一七〇円＋六〇円）×三〇m＝六九〇〇円。

**・床にフローリングを張った場合**

フローリング材一箱三九八〇円（六枚入り）を三箱使用で一万一九四〇円。

その他に木工用ボンドや釘などを入れても、約二万円でできます。

六畳の部屋一部屋をリフォームするのに三万円以内でできてしまいます。激安戸建を買い、激安でリフォームして、高利回りで毎月の家賃収入を得ることができます。

**戸建はアパートメントと違い、売るときに売りやすい点も魅力です。アパートの場合は融資で購入する方が多く、投資家が対象で、古いと融資がつき難いものです。しかし戸建の場合は価格が安い場合、現金で買う方も多く、古くても売れます。購入層が、一般の方も多数いらっしゃいます。出口戦略的にも良いのが、激安戸建の良い所です。**

ブログ「アパート経営 <NSXアパート経営>」

→http://plaza.rakuten.co.jp/jm4822/

## ●競売で激安物件一二棟購入

奈良県在住　竹内かなと（昭和58年生）

僕は相方のシマダ君と一緒に不動産投資しています。購入物件はすべて競売で落札しました。（全12棟）僕たちの所有物件の購入費を合計すると、一般的な新築の住宅1戸分程度の金額です。しかしそこから、月間40万円以上の家賃が入ってきます。

一番の高利回り物件で、実質利回り三〇％を叩き出した物件5号は、裁判所の資料によると、物件内に荷物が満タン、所有者が居住中でした。そこで立ち退き交渉や荷物の処分費用などを考慮して、かなり安く入札したところ、思いがけず手に入りました。

購入後、前所有者の方とお話すると、「このまま住みたいので、貸してほしい」ということだったので、お貸することにしました。気が付けば、何も費用がかからず、あとはただ家賃をもらうだけという状態。よく投資本に「リスクを背負ったときに、高利回りが発生する」と書かれていますが、「こういうことだったのか」と実感しました。

僕たちは「規模の小さい」物件を狙っています。規模が小さいと業者が参入しません。また「マイホームには向いていない」物件を狙っています。マイホーム狙いの人は「利回り」を無視して「絶対に欲しい」という気持ちを価格に上乗せして入札してきますので、競り合うとワリに合いません。

そして「素人が見ると、感覚的に引いてしまう」物件を狙っています。内壁に穴が空いていて、そこに新聞紙を詰めてスキマ風を塞いであったり、家の中が荷物やゴミで満タンだったりする家です。電卓をはじいて、処理費用を差し引いた金額を、機械的に入札します。

感覚的に引いてしまうときほど、チャンスの可能性があります。加藤ひろゆきさんのように、僕たちも「月々の収入を生み出すシステム」自体を買っています。理想のマイホームを買おうとしているわけではありません。電卓を信じて、入札します。実は不安で一杯なのですが、そんなときほど、必死に電卓を叩きます。

具体的には、田舎や、ディープな地域。再建築不可の家や、三角地に建っている家。軽度の雨漏りがある。内装が痛んでいる。大量の荷物や、ゴミが放置されている。

いくつかの悪条件に同時に当てはまるときほど、もし採算が合えば買い時です。大量の物が残っていても、内装が痛んでいても、改装費用分、安く買っていれば、問題ありません。

**競売で物件を競り落とすためには、入札をしまくります。もう数えていないので正確な回数はわかりませんが、１００回から２００回は入札してきました。常に入札しっぱなし**

**です。確率の勝負です。物件を手に入れるためには、呼吸をするように、自然と入札をし続けることです。確率の原則は、競売でも、一般市場でも、変わらないはずです。常に物件を追いかける姿勢が、大切だと思います。**

最後に資金調達について。お世話になっている会計事務所に相談をしたところ、その事務所の会長が不動産投資家で、物件の資料を持って来てほしいといわれました。会いに行くと、会長がおもむろに電話をかけ、国民生活金融公庫の担当者を呼びつけました。いきなりのことに戸惑いながらも「入ってくる家賃で、次の物件を買いたい」とだけ書いた紙を担当者に渡すと、物件2戸を担保に2000万円を借りることができてしまいました。どうやら、すでに投資している大御所の紹介なら、スムーズに借りやすいようです。

僕たちは、覚悟を決めて、たくさん入札し、中古住宅をクルマ程度の金額で買うことができました。**クルマや自宅を買うのも素敵なことですが、まず貸家を買うというのもひとつの選択だと思います。その後でクルマや自宅を買うと、ちょっと順番を前後させるだけで、ずいぶんと経済的に楽になるのではないかと思います。**

ブログ「競売物件で最大実質利回り30%達成！激安物件で高利回り・小資本からの不動産投資を公開中。」→http://plaza.rakuten.co.jp/goodyield/

## ●女一人で不動産投資！

北海道在住　江戸マサヨ

私が師匠と呼ぶこの本の著者・加藤さんの協力で、３戸目の投資物件を取得したときの話をします。２００７年4月、インターネットで２５０万円の戸建を見つけました。

２戸目と同じ市にあり、最近できた巨大ショッピングモールが徒歩3分。繁華街にあり、学校や総合病院も近いという好立地でした。早速、加藤師匠と、先輩女性投資家のみゆきさんと一緒に見に行きました。

見に行って驚いたのが、物件にたどり着くまでの急な坂。まるでジェットコースターのような角度です。冬は４ＷＤの車でなければ登れないでしょう。しかし、家は５ＬＤＫでボリュームがあり、程度も良く、２年前にユニットバスや脱衣所などを３００万円かけて直したということ。すぐに満額でも買おうと思いました。

とはいえ、**すぐに買うといっては負けです**。３人で水周りが汚いだの、駐車場が狭いだのとダメ押しをしました。**指値を入れるための工作活動です**。

その後、買付証明書を渡され、住所と名前を書きました。最後に買付する金額を記入。

ここが問題です。満額でも欲しい！　と思いつつ、加藤師匠をちらりと見ると、

「180、180！」と、小声でいっています。

**「え～っ？？？　180万円？　うそでしょ？」**

と、思いつつ、180万円と書きました。師匠には逆らえません。

プチ「鬼のような指値」ですが、元々の値段が格安なので通るかは微妙です。

加藤師匠によると、**少し押し戻されることも考えて指値したほうがいい**とのこと。初めての「鬼のような指値」は気がひけましたが、現場に投資仲間がいたことで、いいやすかったと思います。

数日後、この物件は180万円で購入できることになりました。ありがたいことです。

決済後、すぐに私の両親、弟、私の娘で汚い壁のペンキ塗りをし、掃除をしました。家族で「労働力投入」です！

**何かと意見が対立していた父と弟が、2人で黙々とペンキ塗りする姿には胸が熱くなりました。皆、私のためにがんばってくれ、家族の結束がますます強くなったように感じました。家族で「労働力投入」したので、リフォーム代はペンキ代とクッションフロア代の合計3万円で済みました。**

その後、この物件には内見者が殺到し、２週間で入居者様（相川様・仮名）が決まりました。お家賃は6・3万円で、利回り42％！　急な坂があるとはいえ、繁華街に近いというのは大きな魅力だったようです。

しかし半年後、その入居者様が**家庭の事情**で突然退去することになりました。引っ越しシーズンが終わっていたので、かなり焦りましたが、３か月後にはお家賃５・８万円、利回りは38・６６％で入居者様が決まりました。外国人夫婦で、日本語はわからないようです。入居にあたって、色々と伝えることがありましたが、そこは学生時代にロンドンに留学していた経験が役に立ちました！

大家業は何でも屋みたいなところがあり、色々な知識や経験が、思わぬところで役に立ったりします。日常生活では知り合えない人と知り合うことも多く、本当に楽しいです。この物件を所有して2年ですが、もう１３０万円回収しました。あと1年で諸経費も含めて全額回収です。築28年のボロ物件ではありますが、リフォームしているので、少なくとも、あと10年はもつと思います。購入金額を全額回収した後は、毎月、私のお財布に一定のお家賃を運んでくれるありがたい物件になってくれると思うと、頼もしい限りです。

不動産投資を始めて、私は不動産が心底好きだということがわかりました。物件を見ると、あれこれイメージが湧いてきて楽しく、夜も眠れない日もあります。**もしかしたらオタクかもしれません**。

大学時代の大学に進学し、立派な社会人になりたいと思い、留学したり、教師になったりしましたが、不動産の仕事のような満足感は得られませんでした。

**楽しいことを仕事にできるのは、本当に幸せなことです**。

最近、子供のお友達のお母様や、両親の知人、私の友人などに自宅の売却の依頼を受けたり、購入の相談を受けたりします。私は不動産屋さんではないのですが、わかる範囲で答えて、物件を見せてもらったりしています。自分の物件を買うのもワクワクしますが、知人の物件を見て不動産のお話をするのも同じように楽しいのです。自分も楽しみつつ皆さんのお役に立つならば、こんないいことはありません！

私は今、不動産投資家として収益物件を増やしながら、女性の視点を生かした不動産屋になりたいと思い、少しずつ準備をしています。収益物件は別かもしれませんが、自宅を決めるときに実権を握るのは、女性ではないでしょうか？　同じ女性であれば、どういう物件が女性ウケするのか想像がつきます。母親であれば、子供がいる家庭で求められる物件もわかります。今後は、収益物件を増やしつつ、不動産売買の知識を得て、不動産屋を開業したいと思っています。

現在は、あくせく働かなくても毎月二九万円の家賃収入があるので、パートに出る必要もなく、時間を有効に使えます。もし、思わぬ事故に巻き込まれて入院したとしても、お家賃は毎月キチンと入ってきます。不動産投資は危険だという人もいますが、私にとっては、とても安心感があります。

人生何があるかわかりません。特に女性は、周りの環境に左右されやすく、仕事を続けられないこともあります。そんなとき、収益物件がひとつでもあれば余裕ができるのではないでしょうか？

激安物件は、頑張ってお金を貯めれば買えます。実際に私は18万円で買った家を、毎月５万円で貸しています。買ってから「労働力投入」して、入居者を見つけましょう。お家賃が入ったら、それをまた貯めながら、次の物件を探します。きっと、次の物件を買う頃には、家賃が貯まっているはずです。激安物件は、無理なく買い続けられることも魅力のひとつです。あなたも激安物件を探してみませんか？

**ブログ「不動産投資～金持ち大家への道～」**
**→http://plaza.rakuten.co.jp/masa358/**

## ●大阪市内、三階建の戸建・駐車場付、二九八万円

大阪在住　キャンベル・ナオミ

四年ほど前から不動産投資を始めていた私は、ちょうど一年に一度くらいのペースで物件を買っていた。ちょうど三つ目の物件の決済を終えた直後、書店で一冊の本に出会った。本のタイトルは『ボロ物件でも高利回り激安アパート経営』。「本当にこんな取引があるのか！」その利回りの高さや値引き率、戸建の価格に衝撃を受けた。

私は四つ目の物件を戸建に的を絞った。しかし、マネをして、「鬼のような指値」を入れてみるものの、ことごとく「玉砕」する日々が続いた。

大家業はよく「孤独な職業」といわれる。しかし、セミナーやイベント、図面舞踏会などを通して、私はさまざまな投資家と知り合わせていただいた。年齢も性別も職業の枠も超えて、ひとつの話題でアツく語り合えるのが、とても楽しく、嬉しい。

四つ目の物件はそんな、**投資仲間との飲み会で、ほかの参加者にいただいた図面の物件を購入した**。最初は私の検索対象圏外だったのでまさか買うとは思ってもいなかった。しかし、この物件を機に、私は対象範囲をさらにさらに広くした。玉砕続きだった頃は、ま

だまだ検索範囲が狭かったといわざるを得ない。

一番印象に残った物件は、五つ目の物件だ。大阪市内、戸建・三階建、駐車場付き、物件価格二九八万円だ。

以前問い合わせをしたことのある営業マン、大西さん（仮名）が私を覚えていてくれて、「今日出てきましたよ」という**ホヤホヤの情報を一番に教えてくれた**。

電話をもらったこの日は、別の物件に行く予定にしていた。一度、私だけで見て気に入った物件だったので、夫婦で出向いて正式に購入申し込みをする予定だった。タイミング悪く、その日は夕方から用事があり、とにかく時間がなかった。

結局、教えてもらえた物件は翌日見に行くことにし、当初の予定通り、別の物件へと電車で向かった。その車中で大西さんから電話がなった。

「明日の鍵は手配したが、他に三組の予定がすでにあり、**見ることはできるがまず買えません**」いつも優しい大西さんがここまで強い口調でいうのは珍しかった。

私は即座に判断した。

「では、今すぐ電車をおりて、そちらへ向います！」

かなりの距離を進んでいたので、内見に残された時間は一〇分ほど。結局、一〇分見ただけで買付を書いた。でもそれで良かったと思っている。翌日には、買付が三本になったことを知らされたからだ。

**「本当に安い物件は、市場に出てきた瞬間に売れる」**ということだと思う。

さて、この二九八万円の戸建。決済が決定してとても驚いた。その総額は、手数料や登記費用などすべて合わせても二九九万八〇〇〇円で収まった。

「売値が二九八万円、手数料が八〇〇〇円」というのは、通常ならあり得ない。しかもこれは、普通は売主さまの支払うべき仲介手数料等もすべて含んだ価格だったので、二重に驚いた。見学のときはまったく時間がなくて、詳しく理解することができなかったのだが、決済のときにようやくわかった。

**この物件の売却理由は、破産だったのだ。**

一四年前に、母子が共有名義で買い、そのローンの大半は息子が負担した。購入後、すぐお母様が入院。結局家に戻ることなく病院で亡くなられた。なぜ息子さんだけでも住まなかったのか、かわいそうで聞けなかったが、とにかく息子さんもまったく入居しないまま家はそのまま放置された。一四年の間に職も変わり、返済は次第に困難になったが、当然、借り換えなどできるはずもなかった。金利もまだまだ高かった。

決済の際は、後見人らしきお兄様と一緒だった。このお兄様が支払えない弟のためにかなりの金額を肩代わりしたそうだ。それも長くは続かず、このたび弟に破産をすすめた。一四年の時を経て、物件はほぼキレイな状態のまま、新居当時の一〇分の一程度の値段で私に回ってきた。支払からまぬがれた喜びからか、お兄さんには何度もお礼をいわれた。しかし、お礼をいいたいのは私のほうだった。

弟さんの口からは、「買わなければよかった」という後悔の言葉ばかり。

私は、見ているのがかわいそうで、「もっと早くに放棄してもよかったものを、よく一四年も…」とその苦労をねぎらってあげるのがやっとだった。

住まないにしても、貸家にしてローン代金を捻出するという手があったのでは？　その発想があったなら、もっと事態は変わっていたかもしれないのに。

いずれにせよ、私は目の前で**「住宅ローンを組んで破綻した人」**を見てしまった。

さて、不動産の魅力をひと言でいうと、ずばり「安定性」と、黙って稼いでくれるその「けなげさ」ではないだろうか。

私の場合、本業がサービス業なので余計にそう感じるのかもしれない。とにかく雨の日も風の日も黙って働いてくれる不動産がかわいい。

また、事業主というのは誰も給料を保証してくれない不安定な立場なので、私はこの意味においても、収益不動産を持つことの素晴らしさを痛感している。たとえわずかでも安定した収益を見込めるのは魅力的だ。

**戸建なら比較的管理が楽で、余分な管理費用も発生しない。アパートに比べると、入居者の居住年月が長いというデータもある。加えて、土地がついていたり、処分しやすかったりと、戸建を持つメリットはかなりあるように思う。**

探せば関西でも安い戸建はたくさんあることがわかった。これから先、ローン破綻も増えると思う。そんな物件を見つけたらチャンスだ！　とにかく、人が皆「買い」に走っているときに買ってはイケナイ。これは私が、損失の大きかった株で唯一学んだことだ(涙)。

日々ブログを綴っておりますので、物件の詳しい内容などはそちらを見ていただけたら幸いです。

ブログ「キャンベル'S　ザクザク主婦のお小遣いアップ大作戦っ!!」

→http://plaza.rakuten.co.jp/campbell703

## ●自主管理大家の醍醐味

群馬県在住　キャプテン☆地下鉄９９９

まず、私がなぜ不動産投資をはじめたかをお話しします。私は自営業で、今は健康で働けるから何でもないのですが、**いざ私の身に何かあった場合でも、家族が路頭に迷うことなく生活できるようにしておかなければいけない、**というのがひとつ。

もうひとつは、老後に対する不安です。若くて体力のある今のうちから、収入をもたらしてくれるシステムを築いておかなくてはいけない。これが第二の理由です。

今回は、二つ目の物件であるアパート（通称・六本木ナナ子）を購入したときの話をさせていただきます。この物件は、１６５０万円で売りに出ていました。主に戸建物件を探していたのであまり購入する気はなかったのですが、自宅から車で30分以内、２ＤＫメゾネット、一部屋あたり約50㎡と広い、ということで、見るだけ見てみることにしました。

図面とデジカメを持って現地調査に行き、外観をざっと見たあと、近所の聞き込みをしました。特に問題となる話は出ず、金額次第では購入しようかなという気になりました。

室内の調査では、建物の瑕疵《かし》などの見落としがあると困るため、リフォーム業者の方に同行してもらって、リフォーム費用の見積もりを出してもらうことにしました。

見積もりを依頼して一週間、出てきた金額を見てビックリです。片っ端から物件のダメ出しをして見積りに計上したとはいえ、なんと700万円超でした。

気を取り直して、買い付け金額を決めることにしました。師匠でもある加藤総統にも相談し、検討の結果、1050万円で買い付けを入れることにしました。買い付け申込書には、お約束の文言「測量不要、現状渡し可能姉妹」「必要であれば3日以内に現金で決済可能姉妹」「若干の上乗せ可能姉妹」と記入し、不動産業者の方に渡しました。

結果は若干押し戻されて「1100万円でイカガデセウカ」。早速、加藤総統に結果報告をすると「いやー、よかったなぁー。それ、いいんじゃない」とのご意見。自分でもよく考えてから、購入を決めました。550万円も値引きしてくれた売主さんに感謝です。

この物件には、時間を見つけてはリフォームしに通っています。

先日、小さいお子さんのいる入居者の方に会ったので、娘が使っていたチャイルドシートを差し上げたら、たいへん喜んでくれました。後日、その方からはチャイルドシートのお礼にと、その方の実家で栽培している野菜をいただきました。

また、夏の暑い時期、草むしりをしなくてはと物件に行くと近所のご主人が「このあいだ余った除草剤があったから、撒いといたよー」と。なんともありがたい話です。もちろんその後お礼をしました。

**物件を通してこのような人と人とのふれあいがあるとは思ってもいませんでした。入居者、近隣住民の方には感謝感謝です。つくづく「大家になって良かったなぁ」と思いました。これは自主管理をしていなければ味わえない、大家の醍醐味かなとも思います。**

洗練された投資家の方からしてみれば微々たる金額なので恥ずかしいのですが、思い切って白状いたしますと、現状で月約25万円ほどの家賃収入があります。だからといって生活レベルが上がってはいません。（生活レベルが上がるほどの金額ではないだろうといわれればそれまでですが…）むしろ下がったというか、ケチになりました。（笑）正確にいうと価値観が変わったのだろうと思います。金銭感覚が以前よりシビアになりました。

また「こんなことをしたら入居者は喜んでくれるのではないか」「こんなふうにしたら喜んで入居してくれるのではないか」などと考えていると、とても楽しくなります。

当初の目的は「私の身に何かあった場合の収入源」だったのですが、大家になった今は大家業そのものを楽しんでいます。これからも少しずつではありますが、入居者の方に喜んでもらえるような物件を増やして、世の中に貢献したいと思っております。

## ●関東で二六万円の戸建を購入

埼玉県在住　ジム鈴木

二〇〇七年六月、加藤ひろゆき氏の本に出会いました。これなら今の自己資金でも二軒目がすぐに買える！　これしかない！　そう確信し、体が震えました。

私は早速行動し、気に入った物件には鬼のような指値（商標登録申請予定）を入れては玉砕するという作業を繰り返しました。

そして二〇〇七年一一月、ついに群馬県で二六万円の戸建を購入したのです。

この物件は、通信制図面舞踏会の会員であるキャプテン☆地下鉄さんからもたらされました。新聞の地域情報欄に掲載されていたようです。

物件はなんと**築七〇年の木造平屋建て、戦前の物件**です。所々リフォームしてあり窓もアルミサッシに替えてあります。間取りは2ＤＫ、八畳の洋室と六畳の和室、一二・五坪、トイレは汲み取り式です。

**一五万円という鬼のような指値を入れ、紆余曲折を経て、売主さまの庭に二台分の駐車場を借りる賃貸借契約を十年分で締結し、物件を二六万円で購入することになりました。**

リフォーム後、家賃四万三千円で入居者が決まりました。三〇代の独身サラリーマンです。**彼女が遊びに来るときの駐車スペースが入居の決め手になったといっていました。**

リフォームでは、通信制図面舞踏会のメンバーに「労働力投入」してもらいました。参加したのはキャプテン☆地下鉄さんと四代目大正湯さんと私の三名。住んでいる地域はバラバラです。バックグラウンドのまったく違う人たちが、加藤ひろゆき氏で繋がり、物件で一緒に汗を流す。これも不動産投資だから味わえる楽しさだと思います。かけがえのない仲間と知り合えたことは私の財産です。

私にとって不動産投資は夢をかなえてくれる必須アイテムです。このアイテムで、子供の頃からの夢「経済的に豊かで安定した生活」を実現することができるでしょう。まだまだ時間はかかりますけどね。

将来、生活に困らないくらいに家賃収入が増え安定したら、自分の本当にやりたいことをやろうと決めています。当面セミリタイアは考えていません。ゴールは人それぞれです。

今後もサラリーマンを続けながら、ひとつずつ物件を増やしていくつもりです。

**ブログ「関東で激安戸建を購入し金持ち父さんを目指す！！」**

**→http://plaza.rakuten.co.jp/jimsuzuki**

## ●半年で戸建二戸、店舗物件二戸、すべて一〇〇万円未満

熊本県在住　つんちゃん1975

はじめまして、つんちゃん1975と申します。私の住んでいる町は、過疎化が進んでいる人口2万8000人ぐらいの小さな町で、そこで自営業を営んでいます。

私が三つ目に手に入れた物件（通称・お殿様）は、売却希望価格50〜100万円。60万円の「鬼のような指し値」を入れ、やや押し戻され、85万円で購入しました。

ある日、中学生だった頃からよく面倒を見ていた、施設出身のK太郎からTELアリ。「まだ19歳だし、親もいないんで、住む場所と、仕事どうにかならないですか？　つんちゃんしか、頼る人がいません」といわれました。

私は、色々な原因で親と離れ離れになり、ずっと大人の都合で振り回され、「大人は敵だ！」と思っている、このK太郎のことが心配でほっとけませんでした。

住む場所は私の「通称・お殿様」物件を手配し、敷金礼金は0、本当は賃貸料月4万円なのだが、K太郎なので3万5000円でよい、その代わり、リフォームを手伝うこと、仕事も私の付き合いを生かして見つけて手配すること。以上のことをK太郎に伝えると、

本当に喜んでいました。

思えば私の物件「通称・お殿様」は、このときのために購入できたのだろうと思うとです。

K太郎には、世の中には信じられる大人（味方）もいるんだと思えるようになって欲しいし、せめて今からは楽しい人生を歩んでいって欲しいとです。

K太郎の生活が落ち着いたら、私の所属する地元の消防団や、野球チームなどに誘って、人と人との繋がりの大切さを経験させてあげたかとです。（笑）

私は、不動産投資を始めてまだ1年も経っていない新米投資家です。

加藤ひろゆき師匠や、洗練された投資家の方たちのように、知識もまだまだ豊富ではありません。しかし色々な方の助けがあり、約半年の間にすべて１００万円以下の物件を３件購入することができました。不動産投資を始めてはっきりとわかったことがあります。

それは、一生懸命、人のためにできることを手伝いながら頑張る！　人と人とのつながりが大事！　大家業はサービス業！　ということです。このことを忘れずに、これからも楽しく物件を増やして頑張っていきたいと思っています。

ブログ「田舎暮らし プチ不動産投資＆リフォーム」
→http://plaza.rakuten.co.jp/tuntuntunchan/

## ●不動産投資家・ヒロシ夫妻誕生

東京都在住　ヒロシ夫妻の夫

八分ズボン姿でヒゲをはやした髪の毛の短いお方が、お台場の高級ホテルの喫茶店で私を出迎えてくれた。私と加藤ひろゆきさんの出会いである。あれから1年。多くの人と知り合うことができ、現在、すばらしい人々に囲まれた生活をしている。またこの間、私たちは首都圏に戸建を格安で3戸購入できた。

加藤さんの随筆にコメントをしたことがきっかけとなり、東京でのご講演の際、我が家に来られることとなった。そのとき、物件の検索方法を教えていただいた。そして驚くことに、その際に検索にひっかかった物件を購入する流れとなった。

ここで最も学んだものは、交渉力であった。交渉の大まかな手法は、まず、大きく落とした値段を相手に伝える。そうすることによって相手は拒否をしているものの、ソコに基準点ができる。この時点ではあくまで基準であり、本人は納得していない。

次に、その基準では納得できないが、ここまでなら譲歩は可能である、と自分から切り出す。相手は「鬼のような指値」をされて少し動揺をして正常な判断を下せないのと、納得していないが先ほどの基準にとらわれているので、そのスキに有利な条件や値段を提示する。ここで見た交渉術が、その後の多くの行動の源となっていくのであった。

平成20年の5月に、関東で19万円で一戸建を購入した。

加藤さんが北海道で20万円の戸建を購入し、賃貸に出していることは有名である。ある日、ウェブ上で、「それは北海道だから可能なんだ」という意見があるのを見た。

私のひねくれている闘志がメラメラ燃えた。**「関東で、やってやる」**。

その戸建は、１９０万円でインターネット上に売りに出ていた。

その物件をどのようにして10分の１の値段である19万円で購入できたのか。

基本的には、加藤さんの交渉術の応用である。物件の持っている長所と短所を売主に提示し、その値段の根拠となるものを具体的に示し、信憑性を増した。

売主に示した長所と短所を具体的に書くと、

長所①入居者がすでについている。②リフォームは入居者が勝手にやってくれる。また、**リフォームに使用している道具を見ると素人ではないことが判明、プロの仕事である。**③木造1階建て。昭和55年築で、法改正以前であるが耐震性はほとんど問題ナイ。

短所①ウェブ上でゴールデンウィークに掲載されており、多くの人の目にさらされているにも関わらず、購入希望者が1人もいなかった、事実上の**放置プレイ**である。②土地が借地権であり、年間10万8000円の土地代がかかる。③家賃が安い。いくら田舎でも、戸建の家賃が月2万円とは日本中でも少ない。④しかも入居から6か月間、家賃半額キャンペーンを実施。毎月1万円のみの収入。⑤②、③、④を考慮すると、現在の家賃収入は事実上、月に千円程度となっている。⑥私の居住地から遠い。

この物件を買ったからといって、すぐにお金持ちにナル訳ではない。

しかし、この物件を購入したことによって、多くの人に私たち夫婦の名前を知っていただけただけでも、十分19万円の価値はあったと思う。

私たち夫婦は、幸福になるために不動産投資をしている。よって入居者に幸せになってもらうのは、家族を幸せにしてからである。ブログの読者を笑わせるのも、入居者を幸せになってもらうのも家族の次なのである。

笑いや幸せは人に伝えることができる。

加藤ひろゆきさんの本を読み興奮し、**自己物件の塗装に憧れ、カッコつけてケルヒャーで高圧洗浄し、モップで嫁のお尻を突っつき、家族で仲良く大声で歌い、夫婦でブログを書く。毎日が充実していて時間はすぐに過ぎてしまうが、本当に満ち足りた時間である。**

不動産投資は、家族で行なうと楽しさは倍増する。人間は、面白いことは長続きする。また、１人より２人、大勢のほうが長続きするし、困難があっても乗り越えられる。「家庭内レバレッジ」という言葉を、加藤さんは「財政面での家庭内サポート」という意味合いで使っているが、私は、もうひとつの意味合いを提唱したい。それが今書いてきたような「家族で不動産投資することで、楽しさ&ヤル気も倍増」だ。

私は人の懐に入るのがスキだ。人の心に入り込むこと、表現が不適であるかもしれないが、洗脳をするのである。今まで洗脳に一番労力を要した人は、ズバリ嫁である。

どうすれば人の懐に入ることができるのか。

**「その人を好きになる」**。一言で表現するとこうなる。単純であるが、この方法で多くの洗練された不動産投資家とお知り合いになれた。

加藤さんに「ヒロシさんはなんか知らないが、いつも重要なところにいるんですよね、まるで**座敷わらし**みたいですね」と暖かいお言葉をいただいた。

日本各地には座敷わらしに関する様々な話が伝わっており、非常に縁起がよい、周囲の人を幸福に導いてくれる神である。**私も、少しでも皆さんのお役にたつ座敷わらしでありたいと願っている。**

## ●関東でも激安戸建！

東京都在住　ヒロシ夫妻の嫁

我が家では、現在戸建を3棟所有している。東京都内に2棟、北関東に1棟。いずれも400万円以下。北関東の物件に至っては、なんと19万円で購入！　比較的地価が高めだと思われている関東で、それも東京都内であっても、激安戸建を手に入れることは可能なのだ。

私たち夫婦は加藤さんの本でブログを知り、勇気を出して書き込みを始めた。著者と直接、気軽にアクセス可能という、ブログの特性を活かさない手はない。ある日、「今度、東京へ行く」という記事を見て、**清水の舞台から飛び降りる覚悟**で夫がこう書いた。

「ウチのマンションのゲストルームに泊まりませんか?」

「かたじけない」

なんと、ご快諾！　講演講師として東京に来た加藤さん。お迎えに上がると、本当に著書でのお写真どおり、八分ズボン姿。あの衝撃は忘れられない。

多忙を極める中、不動産投資のことに限らず、初心者である私たちに様々なコトを教えてくださった。これが、加藤さんとの濃いつながりの端緒となった。

師匠の教えに従いブログを開設した。まだ満足な家賃収入もないのに、毎日更新という地道な努力の賜物か、徐々に多くの方が見てくださるようになった。

ブログを通じて皆さまからいただくアドバイスや、毎日の執筆で少しずつ培った知識の蓄積などから、遠隔地で運営する自信がついてきたため、北関東へも検索の手を伸ばしていた。

そして、ある日、その物件にめぐり合ったのだ。

北関東のマサカ市（仮名）。売り出し価格１９０万円、木造平屋、築19年、借地の80坪。かねてから平屋のメンテナンスのしやすさと、優れた耐震安全性能をきいて興味津々だった私たち。安さもあってまさに渡りに船だった。

早速、夫ヒロシが現地調査！　我が家の**大東亜決戦号**である白プリ号、高速道路を疾走。なんとこの物件、すでに入居者様がいた。情報では和室ばかりの間取りのはずだが、現地に行くと、**ナウでヤングな古民家風**へとリフォーム中。何でも入居者様が「自分たちでリフォームするから、そのかわり家賃は爆安で！」と交渉してきたそうだ。

小道具を見れば、彼とその仲間がセミプロ集団であることがわかる。間違いなく、オーナーの懐を痛めず物件価値をあげてくれる、アゲアゲ☆入居者だ。

夫ヒロシ、思わぬ展開にフガフガ！　すぐ業者に電話、飛んで行った。

売主は、地場の不動産屋の社長。そして、舘ひろし風味ナ渋めイケメン社員が窓口。独身時代に合コンで鍛えたらしい華麗なトークで、物件の詳細を聞き出す夫ヒロシ。物件に関してはまったく問題なさそうだ。そして、その中で思わぬ重大な情報をつかんだ。

「ウチの社長、他で売却益が出ちゃって。損金を計上したいんですよ」

**そうですか！**

（お望みどおり損益出してあげましょ！　それも、**思いっきり♪**）

加藤さんが、北の大地で20万円の戸建を購入した。その偉業に、「地方だからだ。関東では通用しない」という意見があるのを思い出した。

ヒロシ「19万円で、お願いします」

20万円に1万円足らぬ、19万円。師匠を出し抜くのではナイ。「関東では通用しない」という意見に一発お見舞いしたかったのだ。それが、激安戸建の世界に誘ってくれた方に対する最大の恩返しとなるのではないか、と。

フシギなことに、この舘ひろし風味ナ社員、驚愕しながらも却下せず。折をみて社長に持っていきますと聞いて、夫は帰宅した。

数日を経過して、問い合わせがあった。

「19万円でお譲りします。つきましてはコチラへお越しを……」

こうして、購入価格19万円、利回り１２６％の戸建物件の買い付けが成功した。

忘れもしない、加藤さんの２冊目の著書が上梓された日のこと。加藤さんをはじめ様々な方々にブログで紹介していただき、しばらくは、「あの19万円戸建の」ヒロシ夫妻との冠がついて回った。

少しの間、「安さ日本一」の座を満喫したが、その座をまた北の大地にお返しすることになった。洗練された女性投資家、江戸マサヨさん（仮名）の物件だ。その額、18万円。写真を見ると素晴しい物件。以前からブログを拝見し、コメントのやりとりなどの交流があった方。悔しいという気持ちはなく、素晴しい取引にただただ拍手！という感慨だ。

激安戸建を通じて、フツーの生活ではめぐり会えなかっただろう人々との交流があるのも、ブログと不動産のおかげである。

**ブログ「ヒロシ夫妻の不動産投資日記」**

**→http://plaza.rakuten.co.jp/hiroshifusai/**

## ●激安リフォーム公開

名古屋在住　アダチ（不動産管理会社勤務）

私の所有物件は区分所有三戸。（名古屋市内）物件①、表面利回り一二％。物件②、表面利回り二四％。物件③、表面利回り一七％。各物件の利回りはリフォーム費用込で算出しています。仕事の一環としてしかなかった、不動産の購入・管理を自分で始めるきっかけになったのは、やはり、ロバート・キヨサキ著『金持ち父さん、貧乏父さん』を読んだからです。日頃やっていることを体系立てて考えるようになる転換点だったと、今になって思います。

今回は、物件②で行なったリフォームを公開します。

改装前の間取りは、3DK。DK6畳、和室6畳、和室6畳、和室4・5畳。設備は、風呂釜（シャワーなし）、瞬間湯沸かし器、キッチン（コンロなし）、インターホン。

リフォームのポイントは費用をかけるべきところはドンとかけ、あまり変わらないところは、現状をよくするために最小限にかけるということです。

一番費用がかかるのは水周りなどの設備更新です。管理組合との協議の結果、風呂場を解体して大きくすることは却下されました。従って、風呂場、トイレは現状に少し手を加えるだけにとどめ、キッチン、洗面に費用を分配しました。

総工費は約一八〇万円。

改装後の間取りは、１ＬＤＫ。ＬＤＫ１６畳、和室６畳。設備は、エアコン一基、特注システムキッチン（ガス三口）、三点給湯、ガスファンヒーター、ウオッシュレット、ガラス洗面台、ＴＶモニターホン、ＬＤＫフローリング、ウッドデッキ庭園付、下駄箱。

施工中一番の問題点は、建具などの開口部の高さが築年当時だとほぼ一八〇センチということでした。どうやって高さを確保するか、これはあるひと言がポイントになりました。

## 「床をはずして、全室土足で暮らす部屋はどうだ」

面白いと思い、畳下を一部解体し、確認しました。

スラブ床面のコンクリートはコテ仕上げではあっても、そのままでは床としての精度は出ていません。塗装することは可能ですが、とても人が暮らす床にはなりません。

もちろん直張の材料もダメです。しかし、直に根太を打てば一五センチ近く床高を下げられます。玄関との高さ合わせのためにＬＤＫのみ床を下げ、和室は木部を黒く着色。

トイレ、風呂場はタイル張りなので清掃し、既設の露出配管などを撤去し、跡を人工大理石の破材（一〇センチ角）をランダムに張ってデザインとしました。

フローリングがダーク系であったので、同じ大家塾のメンバーでもあり、弊社に修行に来ているカラーコーディネーターに見立てを依頼しました。

建具もダーク系、キッチンは白の人工大理石の天板にシルバー木目の表面材とし、レトロっぽさとモダンな感じが不思議にミックスされた仕上がりになりました。

また、和室の襖は朱色の襖紙を互い違いに張ってアクセントとしました。

完成してすぐ、ほぼ同時に二件の申し込みが入り、一方を断るのが忍びなかったです。

会社ではいろいろな物件を管理していますが、初めて経験することも多く、その度に悩んだり、失敗することも多々あります。

でも、大家業やっぱり、いろいろあって面白い、というのが実感です。

私の場合、恵まれた環境で始められたことはいうまでもありませんが、サラリーマンでこれから始めようとする方にも、やろうという意思があれば、安い物件を購入するチャンスは必ずあります。自分で選び、自分で決めて、自分のしている、自分の仕事といえるのが、大家業の醍醐味だと私は思っています。

## ●二代目大家の日々

福岡県在住　小場三代

グーグルを使って「二代目大家」を検索してみてください。最初に出てくるのは「二代目大家の日々。」というブログ。それを書いているのが私、小場三代です。

不動産投資家の世界では、通称〝ゴッド・マザー〟と呼ばれている私の母は、結婚してまず最初に中古の木造平屋建住宅を購入し、二階部分に貸間を増築して大家業を始めました。ここから小場家の不動産投資が始まったのです。

ケチケチ夫婦が貯まったキャッシュフローを元手に再投資。またまた貯まれば再投資。気がつけば、**所有が一〇〇室を超える**立派な大家業になっていました。

そんな夫婦の二代目として育ったのが私と妹です。週末はアパートのメンテ、掃除に駆り出されました。家族の日常会話といえば、常に不動産投資の話。

西に掘出物のアパートがあると聞けば、行って家族で批評しあい、東に戸建物件があると聞けば、家族で夜討ち朝駆けで調査し、北に金利が安い銀行があると聞けば、南の銀行に押しかけて金利競争をさせて…という日常生活。当然、不動産ＩＱ値は高まり、成人式を迎える頃には、そこらの不動産屋さん以上の知識が身についておりました。

所有物件のうち、戸建住宅は自宅を含めて四棟です。そのうち二棟は新聞広告で、一棟はネット広告で、最後の一棟は紹介で見つけました。

小場家の物件のほとんどは、誰でも入手可能な情報です。新聞広告、ネット広告、フリーペーパー等々。誰にでもチャンスがあります。ただ不動産ＩＱが低いと、お宝物件を見逃してしまいます。不動産購入を予定している方は、とにかく物件を見て、見て、見て、見て、とにかく見続けること。脳内不動産物件リストの充実、これが一番重要です。

それと不動産投資を始めるならＦＡＸが必要です。「世の中ネット社会なんだからパソコンさえあれば大丈夫」と思われがちですが、そうでもありません。

不動産業界は、案外アナログなのです。アナログ人間にとっての最先端機器は未だにＦＡＸ。メールができなくても売主さえ見つけられれば、ＦＡＸで営業できます。

気になる不動産広告を見つけたら、スグ不動産屋に電話します。小場家の場合、気になる物件を見かけた次の瞬間には不動産屋さんに電話しています。この反射神経が重要です。いい物件ほど足が速いので、ビビビと感じたら即行動。これが基本です。

自分の予算では購入できない物件だと思っても、気になる物件があったら躊躇しないで不動産屋さんから物件明細書をゲットします。いまは無理でも将来は購入できるかもしれません。そのための準備です。

場所が特定できたら自分で現地調査しちゃいます。

物件を見るのに慣れるまでは、見る時間帯を変えて何度も現場に行きます。

朝、昼、晩、深夜。物件は時間帯によって見せる表情が変わります。昼間はバスに乗車して五分で駅に到着するのに、朝のラッシュアワーで三〇分かかる道。通勤時に通る明るい商店街は、残業の日には真っ暗なシャッター街。とても閑静で住みやすい住宅街なんだけど、街灯が少ないから長くて怖い夜道。駅近くの駐車場を契約しようと思ったら、コインパーキングしか空いてない場所。そんな環境だったらどうしますか？

気に入らないなら購入しなければいいのですが、間違って不良物件を仕入れちゃったら、もう大変です。借家人なら気に入らなければ引っ越しできますが、購入すれば、売却するまで所有者は自分。最終的にその物件を売却しようとするとき、自分が気付かなかったその理由で**「鬼のような指値」**を入れられるかもしれません。その恐怖を経験したくないなら、事前調査は自分が納得するまで行くべきです。

中古戸建住宅の場合、意外と重要なのが小学校区です。どこでも希望する小学校に入学できる地区もありますが、住所で小学校を割り振っている地区の場合、数十メートルの差で家賃がかなり変わります。私は必ず教育委員会のHPで該当する地区の小学校区を調査します。それと同時に小学校区の評判も再確認。昔のイメージで判断せず、常に最新情報を仕入れます。評判は流動的です。小学校区の影響で収支が変わるのは当然ですが、売却査定価格に大きな影響があるので特に重要な情報です。

不動産IQを高める訓練も必要です。

不動産IQを高める方法として最も効果的なのは、各地で開催される「図面舞踏会」に参加することです。私も最大限に活用しています。

「図面舞踏会」とは、不動産投資初心者からベテラン勢まで一堂に会して不動産を語る会です。別名、不動産投資道場又は不動産オタクの会（?）。**不動産投資は、一般社会で話すと嫌味なヤツと思われる特殊な話題です。小場家では「自宅以外では不動産投資の話をしてはいけない」というオキテがあるくらいです。うっかり話したらどんな目にあうかわかりません。まあ経験上、悪いことは起こるけどいいことは何もありません。**

でも図面舞踏会ならOK。参加者全員が不動産を語るために参加しているので、疑問点を投げかけると誰かが回答してくれます。自分が先生になったり生徒になったり、互いの不動産ＩＱを磨く場としてこれ以上の場所はありません。

物件を持っていなくても、ぜひ気軽に参加してみてください。「この本の読者です」といったら歓迎してもらえます。もしかしたら、この本に登場した誰かと出会えるかもしれません。バーチャルがリアルに変わる瞬間、**これがまた楽しいんだよね**。

ここで戸建投資実例として、小場家が購入した物件の話をしてみます。

ある日、物件検索中にゴッドマザーが好みそうな物件が見つかりました。

オーナーチェンジ戸建賃貸で、売却価格四〇〇万円。表面利回り一一・四％、ＪＲ九州駅徒歩五分。いい物件ほど駿足です。スグに不動産屋に電話して、物件明細書をＦＡＸしてもらいました。数分後、ＦＡＸ受信。思ったよりいいみたいです。

現地に行く手配をして、翌日、不動産屋さんの車で現地到着。今回は地元でも有名な不動産競売専門業者。競売で落札した物件をリフォームして高く売る手法です。

車中で担当者に話を聞くと、今回の物件、競売で落札したら元所有者の妻が一人で居住中。毎月の家賃は払えるというので、落札した不動産屋と元所有者の妻との間で賃貸借契約書を締結したものの、敷金までは払えないという条件付契約。

落札して高値で売りたかったんだろうけど、敷金ゼロならフツー誰も買いません。これで指値できる情報もゲットです。自宅に戻って、ゴッドマザーと決めた指値は三〇〇万円。この値段にどう反応するかしら？

翌日通知したところ、どうも向こうの希望価格より下回っていたみたいです。せめて土地値にしてくださいという担当者の声。土地値で計算した価格は、三八〇万円。

交渉の末、三五〇万円に決定。

売却価格四〇〇万円→三五〇万円、表面利回り一一・四％→一三％になりました。

結果はまああといったところです。現金決済なので一週間後には取引完了。おまけに不動産屋さんが売主だったので仲介手数料もゼロでした。不動産屋さんが売主の物件は、超オトクです。管理はホントに楽チンです。入居者が元所有者だから家にかける愛情が違います。ちょっとした修理は自分でなさっているようで、まったく手間いらずです。

ＪＲ九州駅徒歩五分の立地なので、家屋を解体すれば買値以上の価格で売却も可能です。出口戦略もバッチリ。時間があれば、ハヤリの戸建賃貸を建設するのもいいかもしれません。

ブログ「二代目大家の日々」

→http://plaza.rakuten.co.jp/oya2nd/

## ●不動産投資一家のはじまり

福岡県在住　ゴッドマザー（七八）

こんな死にかけた年寄りから話を聞こうって人がいるんだから時代は変わったね。昔は不動産やってるっていうだけで陰口たたく人が多くて閉口したもんだよ。いまでも場所と相手を選ばないと不動産の話はできないね。みっちゃん（注・ゴッドマザーの娘、小場三代）が私の代わりに書いてくれるっていうから色々と思い出してみようかね。

私は一九三〇（昭和五）年生まれで、生まれも育ちも福岡県。ウチの父は裕福な農家で地元じゃ有名な名士だったから、いろんな人がウチに金を借りに来てたね。**たまに踏み倒されたみたいだけど気にせん人やった。入居者が滞納しても裁判しても気にならんのは、父の性格に似てるからかもしれんね。**

父のところにあちこちの農家から土地を売りたいとか買いたいとか相談があってね。父が間に入って両方に話をつけてあげてたりしたから、考えたらアレが不動産投資との出会いやったかもしれんね。

私は職場恋愛でパパ（注・ゴッドマザーの夫）と結婚することが決まったんだけど、パパは病弱で無理できない体質でね。母に紹介したら**「そんないつ死ぬかわからんようなヤツとは結婚させん！」**といわれて結婚を反対されたけど、もう三〇歳を過ぎていたから何とか親のお許しがでたね。当時の女性は二〇歳くらいで嫁に行っていたから、三〇歳といえば行かず後家の年齢。仕方なく許可してくれたんだね。

結婚が決まったけどパパの給料は安いし、結婚後に家賃を払い続ける自信がなくてね。パパの同僚から下宿やったら儲かるって聞いて、母に相談したら「下宿は一日中忙しいからやめなさい。暇がなくなるよ。貸すならいいけどね」っていわれて、昭和三〇年代に中古の木造平屋建を七五万円で買ったよ。当時私の月給が一万三〇〇〇円で、一〇年くらい働いてほとんど貯金してたから、結婚するとき一五〇万円の貯金があったね。現在の価値で計算したら二、三〇〇〇万円くらい。中古戸建が二軒買えるくらいだね。

この家は、個人の売主が直接新聞広告を出した物件やった。一三坪の中古平屋建で六畳・四畳半・三畳の三室、それと一畳の台所があったね。いまでいう3Kかね。取引のときには、不動産取引をよく知っている実家の父が心配して立ち会ってくれた。

この平屋建に二階部分を増築して、不動産投資を始めることにした。四畳半を五室、三畳を一室で合計六室。台所とトイレは共同で風呂ナシだったね。初めて貸間を建てたあの頃はよかったねえ。**台所もトイレも共同だけど建てれば必ず入居者がいる時代やった。昭和五〇年代までのアパート経営は完成したらスグ満室、空室になってもスグ次の入居者が決まっていたから空室期間が短かったね。ほとんど一〇〇％に近い入居率だったよ。**

当時は一部屋三〇〇〇円で六室、毎月一万八〇〇〇円の収入があったね。その頃パパの月給が一万八〇〇〇円だったから、パパの給料と同額の家賃収入が入ってきたよ。

最初の家を買ってもまだお金が余っていたから、昭和三〇年代は土地の転売をやってね。一〇〇坪の土地を五〇万円で買って、数年後に一〇〇万円で売ったこともあるよ。二、三年で二倍になるのが普通だったね。あの時代はどんどん土地が値上がりしたよ。

資金は親や兄弟から借りていたね。親には利子つけてなかったけど、兄弟姉妹には利子をつけた。**親戚内金融**だよ。必ず期限までには返済したから、兄弟たちが争うように金を貸してくれたよ。いまは現金で購入するか、銀行で調達するけどね。

結婚直後から家賃収入があったけど、パパは薩摩隼人で九州男児やから、パパの収入を基本に生活したね。薩摩隼人はプライドが高いからね。薩摩隼人に限らず、一家の大黒柱は大事にせんといかんよ。いくら家賃収入があっても、パパあっての家族やからね。娘には内緒やったけど、パパは転職して保険屋に勤めてたから、目標達成できない月には給料全部を保険料に入れて、家計には一円も入らんことがあったんよ。それでも家賃収入があったからよかったね。ありがたいね。それでパパを責めたことは一度もないよ。パパが会社で勤めてくれるから家賃が貯金できるやろう。その金で不動産がまた買える。

その後、アパート一棟を借金して買ったね。当時の金利は高かったし、家計も楽じゃなかったけど、娘たちの習い事と教育は優先させたよ。**問題はどこにお金をかけるかだね。**無駄はいけないけど必要なものを削っちゃいけないよ。重要なことは、予算の配分だね。**アパート収入はあるけど生活は質素やったよ。パパの給料でやりくりするのが基本だったからね。アパート収入には手をつけなかったよ。再投資にまわしたからね。**

娘たちにもお金の使い方はみっちり仕込んだよ。小学生になったら一人ずつ貯金通帳を持たせて自分で管理させるんだ。欲しいものがあったら自分で計画して貯金してから買う。月々の小遣いやらお年玉を着実に貯めて、それが買えるまで我慢するんだよ。お金の教育は特に大事だと思うよ。

光熱水費もムダは禁止だよ。電気もガスも水道もマメに消して節約する。みっちゃんが「ウチの家ではママが後ろからついてきて電気やらガスやら水道やら消してまわる」っていってたね。ムダなことはしない。この**単純な節約の繰り返しが大きくなるんだよ。**ウチのパパは高給取りじゃなかったから、このくらいやらないと普通のサラリーマンは大家になれないんだよ。たかが節約とバカにしちゃいけないよ。

**不動産投資は楽しいよ。家族でやるとホントに楽しい。パパも私も不動産が好きやから家族の話題に困ることはなかったね。ウチの家では不動産投資が家族の娯楽。家族で物件を見に行ったり、掃除に行ったりしたね。不動産屋に管理を任せたら高くつくよ。**

儲けたいなら自分で管理することだね。自分でやるのは大変だって？　でも考えてごらんよ。**七八の年寄りが一人でできる商売がどこにあるっていうんだい？**　この歳で働いたら時給七〇〇円程度だよ。一日三時間で月給五万円くらいかね。私は日給五万円だよ。**体調を崩して家で寝ていても家賃は入る。**電話一本あればこの商売はどこでもできるね。まさに女性向きの仕事だよ。あとは**信頼できる不動産屋と修理業者がいればいいんだよ。自分も誠実じゃないと信頼できる業者は探せないよ。**自分だけ儲かろうと思ってもダメだね。**電話一本で動いてくれる人を探す**と、これほど楽な商売はないよ。

不動産投資はいいことばかりじゃないさ。イヤなこともあるよ。**入居者トラブルなんて日常茶飯事。それを楽しむ余裕がないと不動産投資はできないね。人の行動が気になって仕方がない人には無理だよ。**誰にでも向いてる職業じゃないからね。

家賃を取りに行ったら相手から凄まれることもあるよ。**いくら凄まれても筋が通らないことは許せないね。**こちらは正論で言い返すだけさ。どうしても支払えない理由があれば相談にはのるよ。病気になったり、会社が倒産したり、離婚したり、死別したり…。人生には色々なことがあるからね。ちゃんとした理由があれば鬼みたいなことはしないよ。遅れた家賃を毎月分割払いしている人もいるよ。払う気さえあれば文句はいわないよ。

夜逃げされたことは何回もあるね。でも**払えないなら夜逃げしてもらったほうがありがたいね。**空室だったと思えばいいんだよ。夜逃げするのはいいけど、部屋に荷物を残されたら困るね。夜逃げした入居者に連絡して、荷物を引き取ってもらうこともあるよ。「玄関の鍵を開けてるから取りに来い」って連絡するんだよ。少しでも荷物が減ったら処分費が減るからね。こちらが不用品を処分するより、持ち帰ってもらったほうがありがたいね。

裁判するからって脅されるときもあるよ。こちらが正しいと思うなら受けて立つよ。正々堂々と裁判で闘ったらいいんだよ。負けたら払うだけ。そんなの気にしていたら大家はできないし、**弱気になるからそれ以上にお金がかかるんだよ。**自分が正しいと思ったらそれを貫き通す根性が必要だね。**安易な妥協は後で高くつくよ。**

入居者から訴えられたこともあるよ。その入居者は最初から不自然だったね。入居後二週間目に風呂にカビがあるって苦情が来てね。入居して二週間だよ。そこの風呂場には窓があるから単に換気してないだけだと思ったけど一応業者を派遣したんだよ。

それから毎週のようにアパートの備品が壊れてね。次はカーテンレール、洗濯機のコンセント、次は…。普段は温厚な私も一か月後に怒ったね。全部をリストアップさせて、これ以上は修理しないって宣言したんだよ。

それで終了したと思ったら、室内備品で怪我したから治療代を請求するという訴状が来たときにはビックリしたよ。この入居者は何かやりそうだと思っていたから、全部記録に残しておいた。それが役に立ったね。裁判しそうな入居者は何か違うね。**そういう雰囲気を感じたら、具体的な交渉内容とか詳細な記録を残しておくことが必要だよ。**

でも裁判の証拠資料として入居後一か月目に提出させた例のリストを、大家が強制的に修理場所を限定させたリストとして提出されているのには驚いたね。**相手の言い分があんまりひどい内容だったから、勝訴したけどね。**

大家はいいことばかりじゃない。でも楽しいよ。働かなくても家賃が口座に入金されるからね。ゲームと思って楽しめばいいんだよ。**毎朝、御仏壇に向って家族の幸福を祈るときに、入居者の無事もお願いしてるよ。入居者が幸福なら、大家も幸福になれるんだよ。**

## おわりに

最後まで読んでくれて、ありがとう。

ワタクシの大家の仕事には、これまでの挫折シタ人生体験が、おおいに役立っている。まだ二〇代の読者は、不動産を買う前に、自分自身に投資スルことをオススメする。大家になるのは、人間的に成長した、三〇代後半からでも遅くはナイ。

一九九二年一月に、つとめ人で貯めた五〇〇万円を持って渡米。最初は一年くらい住んで日本に帰ろうかと思ったが、結局、六年住んでいた。

円高という神風も吹き、強い円を後ろ盾に、アメリカ生活を謳歌シタ。

アメリカ時代に、七回引越しをした。賃貸物件をひとつ決めるには、一〇戸以上の物件を見た。役者としてはブレイクできなかったが、のちにこの引越しの体験が激安アパート経営に役立つとは、このとき、まったく思わなかった。

アメリカでは若干の収入もあったが、いつも貧乏な生活だった。恥ずかしながら、今は亡き父に、仕送りをしてもらったこともある。父にとっては、不良債権の息子だ。マイナスのキャッシュフローだった。**アメリカ滞在の六年間で、二〇〇〇万円以上遣った。**

二〇〇〇ドルを握りしめ、一九九七年一〇月に帰国した。その頃の日本も不景気で、英語やアメリカの大学で学んだことなど、まったく就職に役立たなかった。

**「ハリウッド・オーディション記録」**

というタイトルの原稿を手書きで三二五枚書いて、版元一〇社に送ったが、ボツになった。

異国で苦労した日々は、何だったのだろうか？

もう一度渡米するため、タクシーに乗って稼ごうと思い、二種免許を取った。タクシーに乗ってはみたが、疲れる割には月収が一二万円しかなく、三か月で挫折。

その後、ＩＴ企業に試験採用されるが、与えられたのは電話料金滞納者に電話を発信スル、つまらない仕事だった。しかし、今では家賃滞納者に電話発信スルときに、この体験が役立っている。

三年くらい、フリーターのような仕事をして、二〇〇〇年に出版社に正社員として採用になったとき、**「これでオマエも年金がもらえる」と、父は大喜びだった。父の会社員時代と比べ、産業構造が変化していた。**正社員とはいえ、過酷な仕事な割に、給料は手取りで一八万円、後に、二三万円になったが、**さほど嬉しくなかった。**

**ところが、この版元時代の仕事が、のちの執筆活動に役立った。**

そのころ、父が脳梗塞で倒れた。仕事をしながら、ＩＱが低下してヨタヨタ歩く父の介護をするのは大変だった。アメリカには戻らず、北海道にとどまることを決意シタ。
**その後、不動産を購入してから、タイトだった財務は劇的に改善された。収入をUPするには、つとめ人の世界で昇給を望むより、激安不動産を買うことに集中するほうが早いと感じた。**

さて、今回、洗練された投資家一五名の手記を読むと、少し頑張れば、全国どこでも、激安不動産を入手できることがわかる。また、老若男女、根性と情熱があれば、誰にでもできる。若くて美しい女性たちから、七八歳のゴッド・マザーまで、年齢に関係なく、激安不動産を楽しんでいる。職業も様々だ。

**実は、この一五名の手記が集まった時点で、この本の八〇％は、出来上がっていたのかもしれない。書こうと思っていたことのほとんどを代弁してくれた。最初に原稿を読んだワタクシは、その完成度の高さに、しばらくの間、自分の原稿がまったく書けなくなってしまったほどだ。**

ところで、本文に書いた小樽市の二〇〇万円の一戸建。二〇〇九年二月二〇日に、無事、決済が終了シタ。三年間、待った甲斐があった。売り主様の母娘も、大喜びだった。**久々に、満額で購入した物件だ。**

　この「あとがき」を書く直前まで、いくつかのリフォーム業者と電話で打ち合わせをしていた。最近のリフォームは、気の合う、適正な価格の業者に分離発注して、時々、現場に立ち会っている。親方風味ナ仕事だ。プロに発注するほうが、仕事が早くて正確だ。初期の頃は、自分でリフォームしてもいいのだが、一度しか使わない道具を買うのも無駄だ。作業で疲れた後の**ゴミの処理が悩ましい**。

　また、昨日から猛吹雪で、氷点下の中、ホンダ除雪機を運転して、除雪を実施していた。「労働力投入」（商標登録申請予定）の日々だ。つとめ人を卒業シタと思っていたが、適度に忙しい。

　色々な体験と挫折を繰り返し、たどり着いたところが「激安不動産」だった。不動産の仕事に、ワタクシの適性が合っていた。

　読者の皆様も、できるだけ早い段階で、自分の適性を見つけることだ。そして、時代の波に巻き込まれないためにも、激安不動産を入手シテ、豊かに暮らすことをオススメする。

二〇〇九年二月二三日
猛吹雪のあとの氷点下の北海道にて

加藤ひろゆき

【著者】加藤ひろゆき（かとう・ひろゆき）

北海道在住の随筆家、兼、激安不動産投資家。1965年3月生まれ、北海道出身。CASHFLOW101のハンドル・ネームで、毎日、随筆（ブログ）を更新中。1992年、26歳の時に、大手企業を卒業し、渡米。ハリウッドで俳優を目指す。マドンナやジャネット・ジャクソンのミュージック・ビデオにも出演。ホンダ、コカ・コーラ、テカテ・ビールのCM、映画など、出演本数、約50本。米国「スクリーン・アクターズ・ギルド」（SAG・俳優協会）のメンバー。滞米中、盛田昭夫氏（ソニー創業者）や、坂井三郎氏（零戦の撃墜王・大空のサムライ）にもアメリカで直接会っている。

1997年、アメリカ合衆国の芸能界に挫折して帰国。その時の所持金はたった200ドル。

帰国後、約3年間うだつの上がらないフリーター生活を送る。2000年、出版社に中途採用。出戻りの「つとめ人」になるが、2006年1月に札幌支店が閉鎖。これを機に、専業大家になる。現在、所有物件13棟。全てCASHで決済した。

著書に『ボロ物件でも高利回り　激安アパート経営』（ダイヤモンド社）、『借金ナシではじめる　激安アパート経営』（弊社刊）がある。

株式会社帝国インベスター代表取締役。

随筆（楽天ブログ）
http://plaza.rakuten.co.jp/investor101/

HP
http://cf101.chu.jp/index.html
（「cf101 CD」で検索、またはQRコードから）

メールアドレス
qq7n23z99@mountain.ocn.ne.jp

**激安不動産《げきやすふどうさん》を入手《にゅうしゅ》シテ 豊《ゆた》かに暮《く》らす方法《ほうほう》**

2009年3月17日　　初版発行

著　者　加　藤　ひろゆき
発行者　奥　沢　邦　成
発行所　株式会社　ぱる出版

〒160-0011　東京都新宿区若葉1-9-16
03(3353)2835－代表　03(3353)2826－FAX
03(3353)3679－編集
振替　東京　00100-3-131586
印刷・製本　中央精版印刷(株)



ISBN978-4-8272-0469-8　C0033